実践編 **広告法律相談125問**

弁護士 **松尾剛行**【著】

日本加除出版株式会社

はしがき

　筆者は，本書において「基礎編」と呼んでいる『広告法律相談125問』を2019年に出版し，2022年には改訂することができた（なお，本書で「基礎編Q○」等として基礎編の具体的なQや頁数を指す場合には第2版のものを指している）。同書執筆の前後を通じて，筆者は様々な広告会社の実務で問題となっている法的論点について相談を受けてきた。その実務経験の一部を基礎編に反映させたことから，基礎編に対しては，実務の問題意識に答えたQ＆Aが並んでいる等と評して下さる方もいらっしゃった。もっとも当初の基礎編よりもリアルなQ＆Aを公表することができれば，多くの広告法務に悩む法務パーソンや弁護士の皆様にとって有益ではないかと考えていた。

　そのような中，あるクライアントから，十分な改変をする前提で，過去の相談内容を参考にしてQ＆Aを公表しても良いという大変ありがたいお申し出があった。それを受け，執筆したのが本書である。当該クライアントの過去の相談内容は，あくまでも「参考」という位置づけであるため，事案の改変や抽象化を行ったり，その案件の対応の際に最も参考になった公表事例をベースにしたQ＆Aに変える等の対応を行っている。このような大幅な修正を加えているものの，リアリティをもって読者に伝わるよう，できるだけ新鮮さを残したものにしようと努力した。

　加えて，2022年8月の基礎編改訂後，広告法務と密接に関連する重要な法改正が相次いだ。例えば，第三者による広告表現の規制については，基礎編Q102（211頁以下）において2022年6月のアフィリエイトに関するインターネット消費者取引に係る広告表示に関する景品表示法上の問題点及び留意事項の改正についてフォローしたところ，その後2023年3月にはいわゆるステマ規制を導入する「一般消費者が事業者の表示であることを判別

することが困難である表示」及び運用基準が公表され，ちょうど本書の出版された同年10月から施行された（本書Q72以下）。また，景品表示法も2023年に改正された（本書Q96以下）。本書ではこのような最新改正もできるだけ取り込むようにした。

　本書を「実践編」とし，「基礎編」と共に読者の皆様にご提供することで，少しでも皆様のお役に立てれば幸いである。

2023年9月吉日

弁護士　松尾　剛行

凡　例

［法　令］

独禁法	私的独占の禁止及び公正取引の確保に関する法律
景表法	景品表示法
改正景表法	令和5年5月17日法律第29号による改正後の景表法
不競法	不正競争防止法
薬機法	医薬品，医療機器等の品質，有効性及び安全性の確保等に関する法律
下請法	下請代金支払遅延等防止法
特商法	特定商取引に関する法律
個人情報保護法	個人情報の保護に関する法律
宅建業法	宅地建物取引業法

［裁判例］

- 最判平成4.7.14民集46-5-492
    → 最高裁判所平成4年7月14日判決最高裁判所民事判例集46巻5号492頁

［参考文献・通達等］

- 基礎編
    松尾剛行『第2版　広告法律相談125問』（日本加除出版，2022）
- 著作権法
    中山信弘『著作権法』（有斐閣，第3版，2020）
- 田村概説
    田村善之『著作権法概説』（有斐閣，第2版，2001）
- 作花詳解
    作花文雄『詳解　著作権法』（ぎょうせい，第6版，2022）

- 小倉＝金井コンメンタールⅡ

  小倉秀夫＝金井重彦 編『著作権法コンメンタールⅡ』（第一法規，改訂版，2020）

- 景品表示法

  西川康一『景品表示法』（商事法務，第6版，2021）

- 新商標教室

  小谷武『新商標教室』（LABO，2013）

- 不動産広告

  不動産公正取引協議会連合会公正競争規約研究会『不動産広告の実務と規制 13訂版』（住宅新報出版，2023）

- 不実証広告規制に関する指針

  不当景品類及び不当表示防止法第7条第2項の運用指針—不実証広告規制に関する指針—（平成15年10月28日 公正取引委員会）一部改正 平成28年4月1日消費者庁

- 比較広告

  比較広告に関する景品表示法上の考え方（昭和62年4月21日 公正取引委員会事務局）改正 平成28年4月1日消費者庁

- 価格表示

  不当な価格表示についての景品表示法上の考え方 （平成12年6月30日 公正取引委員会）改正 平成28年4月1日消費者庁

- ステマ運用基準

  「一般消費者が事業者の表示であることを判別することが困難である表示」の運用基準（令和5年3月28日）消費者庁

- 定義告示運用基準

  景品類等の指定の告示の運用基準について（昭和52年4月1日事務局長通達第7号）改正 平成26年12月1日消費者庁長官決定

- 総付運用基準

  「一般消費者に対する景品類の提供に関する事項の制限」の運用基準について（昭和52年4月1日事務局長通達第6号）改正 平成8年2月16日事務局長通達第1号

- 懸賞運用基準

　「懸賞による景品類の提供に関する事項の制限」の運用基準について
（昭和52年4月1日事務局長通達第4号）改正　平成8年2月16日事務局長
通達第1号

- 懸賞制限告示

　懸賞による景品類の提供に関する事項の制限（昭和52年3月1日公正取引
委員会告示第3号）改正　平成8年2月16日公正取引委員会告示第1号

- ガイドライン通則編

　個人情報の保護に関する法律についてのガイドライン（通則編）平成
28年11月（令和4年9月一部改正）個人情報保護委員会

目 次

第2章 商標 ———————————————————— *40*

第9章　その他

第10章　ChatGPT・AI時代の広告法務 ———————— 205

付　録

序 広告に関する重要な改正

Q1 最近の重要な改正点

広告に関する法令における最近の重要な改正点を教えて
ください。

A

景表法関係の改正が頻繁に行われています。

令和5年著作権法改正（本書Q18）等，景表法以外でも改正が行われて
いるものの，景表法の改正が頻繁であることから，基礎編改訂後の改正を概
観しよう。

1 ステマ規制

まず，ステマ規制が重要である。ステマ規制については本書Q72以下で
詳述しているが，景表法5条3号が「商品又は役務の取引に関する事項に
ついて一般消費者に誤認されるおそれがある表示であつて，不当に顧客を
誘引し，一般消費者による自主的かつ合理的な選択を阻害するおそれがあ
ると認めて内閣総理大臣が指定するもの」を禁止するところ，同号に関す
る新たな指定（「一般消費者が事業者の表示であることを判別することが困難である
表示」）により，2023年10月から「事業者が自己の供給する商品又は役務の
取引について行う表示であって，一般消費者が当該表示であることを判別
することが困難であると認められるもの」が禁止されることとなった。こ
の内容は極めて抽象的で，何が禁止されるか分かりにくいところ，ステマ
運用基準がその具体的な内容を明らかにしていることから，本書Q72以下
はステマ運用基準ベースでの実務対応を解説している。

2 景表法改正

次に，2023年5月に景表法改正法案が成立し，公布された。改正法は公布から1年6ヵ月以内に施行される。**本書Q96以下**では，事業者の自主的取り組みのための確約手続導入，課徴金制度の見直し，罰則強化等の景表法改正の内容を説明していく。なお，**本書Q96以下**の改正の解説箇所を除き，本書では2023年10月1日時点において施行されている現行法に基づき説明を行うこととし，引用する条文もその時点のものを用いることとする。

3 その他

課徴金（基礎編Q61及び本書Q99以下）減免のための自主報告（景表法9条）について，景表法施行規則において提出様式が定められているところ，2023年3月施行の改正によってファクシミリによる提出が認められなくなった（同規則9条1項各号参照）。

なお，不動産関係では2022年9月に表示規約が改訂された（本書Q120以下は改訂後の表示規約を前提としている）。

第1章　著作権

Q2　小売店のチラシ

> 　和柄の「うちわ」を撮影して，チラシに使っても大丈夫ですか？　この「うちわ」は，撮影スタジオにずっとある古いもので，浴衣のモデル撮影の時などに小道具としてよく持たせているものです。

A

　伝統的な柄をそのまま利用したものであれば著作権法上問題がない可能性がありますが，伝統的な柄をモチーフに一定以上のアレンジされたものであれば，一定のリスクがあります。但し，利用方法も関係しており，単なる小道具であれば大きな問題がない可能性も高いです。

　もし，これまで単なる小道具として使っていたうちわを，柄がよく見えるような形で，まさに中心的素材として広告に利用するのであれば，当該柄に関する著作権等が問題となるだろう。(なお，商標，意匠等も問題となり得るので，基礎編第4話，第5話等も参照のこと。)
　ここで，著作権の保護期間に鑑みると，伝統的な柄，例えば，江戸時代頃から一般に利用されていた柄がそのままうちわに用いられているのであれば，既に著作権の保護期間が経過済みと理解しても大きくは間違ってはいないだろう。これに対し，和柄を「モチーフ」としていても，そこから新たにアレンジをして創作したデザイン等であれば，そこに独自の著作権が生じている可能性がある。その柄の名前や写真検索等で調べて，古い(江戸期の)建築や絵画に記載されているものとほぼ同じで，そこからの違

3

いが創作性（**基礎編Q9**）が認められる程度のものではない，といえるかを検討すべきだろう。

とはいえ，もしそのうちわにフォーカスした広告素材とするならば，信頼できるデザイナーに江戸時代のデザインを元にアレンジしオリジナルのデザインを作成してもらい，ライセンス又は著作権譲渡を受ける方が安心できるかもしれない（**基礎編Q22参照**）。

なお，写り込みについては**基礎編Q13**で説明しているところ，あくまでも小道具としてそこにフォーカスせずに撮影する（例えば女優さんがメインでうちわは単に持っているというだけ）ならば，写り込みの例外が利用できる可能性が高く，著作権法上比較的安全な使い方であると思われる。

本問は和柄の質問を念頭においているが，和柄であるか，それとも洋風の柄であるかは直接的な影響はない。そこで，洋風の柄の小物についても，基本的には本問があてはまる。とはいえ，江戸以前からの伝統の柄であれば著作権が消滅している可能性が高いという話を，具体的に問題となる洋風の柄にどのように適用していくかは別途問題となり得る（外国の美術館のデジタルアーカイブ等を利用して調査することは考えられる。）。

【☛基礎編のQも確認】Q9，Q13，Q22

Q3 小売店のカタログ

　食品のギフトカタログを制作中ですが，表紙に梅の花の形の皿を使用しようとしています。同業他社が過去に同じ梅の花の形の皿を使用した食品のギフトカタログを製作しているのですが，著作権に引っかかるでしょうか？

A

　応用美術としての著作物性が肯定される場合は例外ですが，単なる梅の花の形の皿というだけであれば著作権の問題はなさそうです。また，単に皿の部分が被っているというだけで，同業他社の広告全体の著作権を侵害する可能性も低そうです。しかし，安易に同業他社の過去の広告を真似ることについては，例えば同業他社のイメージにただのりする等と非難される可能性がありますし，そもそも広告としてクオリティが下がります。そこで，同業他社のものと違いが出るように工夫しましょう。

1　応用美術の著作権

　皿のような応用美術については，著作権での保護を限定する考えと，通常の著作物と同様に広く保護する考えの双方がある。弁護士として，「侵害するかもしれない側」には，通常の著作物と同様の考えがとられる可能性，「侵害されたかもしれない側」には，狭い考えがとられる可能性を踏まえて検討すべきとアドバイスしている（基礎編Q19）。

　本件では「梅の花の形の皿」ということであるが，単に形が「梅の花型」だけだということであればありふれたデザインとして，いずれの考えであれ著作物性が否定されるだろう。しかし，梅の花の形以外の部分において工夫がありそれが「表現」と評価される場合，その内容によっては著作物として保護される可能性は否定できない。

2　カタログの著作権

　カタログについては，カタログを構成する個々の要素に著作権が成立し

なくても，その「組み合わせ」において創作性があれば著作権が成立する可能性がある。

　しかし，本件では，同業他社のカタログと「おせちに梅の花の形の皿を使う」という点では共通するものの，その点以外は異なっている。そうであれば，皿について著作権が成立しないという前提の下，「おせちに梅の花の形の皿を使う」という点を超えた，組み合わせ部分について著作権が成立していても，少なくとも本件でかかる著作権を侵害していないといえる可能性が高い。

3　クレームリスク

　しかし，クレームリスク（基礎編Q91）も重要である。同じ花の形の皿を同じ「食品カタログ」に利用すれば，同業他社の良いイメージにただのりする等，クレームリスクはある。ここは，広告主が問題ないとする場合等においてはこのまま進めることもあり得るものの，少なくとも（例えば広告主のイメージを維持できる）別の皿を利用するとか，花の形の皿の画像を加工してイメージを変える等，同業他社のものと違いが出るような工夫を検討すべきであろう。

【☞基礎編のQも確認】Q19，Q21，Q24，Q91-Q93

Ｑ4　木型の流用

> 　クリエイティブの一部に利用される紙製品を制作する際に，木型が制作されます。他の広告会社が作成した木型を持っているクライアントが，この木型を流用して紙製品を作り，広告に利用して欲しいと依頼しているのですが，大丈夫ですか？

Ａ

　契約内容と木型の製作過程における関与にもよりますが，問題がある場合も多いように思われます。

1 契約

　本件では木型（やそこから製作した紙製品）について著作権が発生している可能性がある。そこで，その著作権について，どのような処理がされているか，契約を確認すべきである。

　例えばクライアントAが広告会社Bにクリエイティブ作成を依頼し，Bが木型を利用して紙製品を作り，それを利用したクリエイティブが広告に採用されたところ，Aが広告会社Cにこの木型を流用して類似の紙製品を作らせ，別のクリエイティブを作らせようとしているとする。その場合，（下記2で述べる，Aの関与の程度による共同著作の問題が生じない限り）Bに著作権が帰属するのが原則である（基礎編Q10参照）。この点は，クライアントによっては「お金を払ったのだから，当然（著作権等を含む）権利は自社に帰属するだろう」と考えているのかもしれない。しかし，法律の立て付けはそのようにはなっていない。

　ここで，クライアントAとの契約上，「成果物（クリエイティブ）及びその作成過程において創出された著作物」の著作権がAに移転すると合意されている可能性がある。

　もし，このように著作権が完全にクライアントAに移転しているのであれば，Aは別の広告会社Cに当該木型を利用して，その木型に刻印されたデザインの紙製品を作らせ，広告に利用させることができることになる。

2 共同著作物

　なお，紙製品や木型製作過程におけるクライアントAの関与態様によっては，これらがA及びBの共同著作物（著作権法2条1項12号）となる可能性はある。すなわち，Aが創作面で一定以上関与し，2人以上の者が共同して創作した著作物であり，その各創作者の著作物に対する寄与分を分離して個別的に利用することができないもの（著作権法2条1項12号）といえるのであれば，ABの共同著作物となるため，Aの関与が「創作」したと言える程度かが問題となる。

　単なるクライアントとしての感想や意見程度であれば創作の域に至らないが，例えば，Aが表現の具体的な内容に踏み込んだ修正を求める等AとBの共同創作の実態がある場合，共同著作物として，Aも著作権を共有す

る可能性がある。

　もっとも，Aが単に共同著作者だ，というだけで，契約上，著作権に関する規定が存在しない場合には，著作権の行使，例えば，広告会社Cへのライセンスを行うにはBの同意が必要となる（著作権法65条2項）。

【☞基礎編のQも確認】Q10，Q21，Q22

Q5 他社製品の写り込み

> アパレルの宣伝チラシに他社製品が写り込んでいますが，写真を差し替えたり修正すべきでしょうか？

A

　著作権の問題であれば，写り込みの例外で対応できると思われます。但し，その他社製品がそのチラシの趣旨からすると競合となるものであれば，チラシの趣旨を実現するという意味ではこのまま進めない方が良さそうです。なお，全く異なる，競合とは言えないものであっても，有名な製品であれば，コラボレーションをしていないのにフリーライドしようとしている等のクレームリスク回避のために何らかの対応をするという判断をするべき場合もあるでしょう。

1　写り込み

　写り込みについては**基礎編Q13**で説明しているところ，単なる写り込みであれば，著作権法30条の2を利用することができ，著作権侵害にならない可能性が高い。

2　他社製品が競合品の場合

　しかし，例えば，A社の製品を宣伝する際に，競合相手であるB社製品が写っているというのは，それが仮に単なる写り込みであっても，それが極めて小さくピンボケしていて，誰もそれがB社製品だとわからないならともかく，B社製品だと認識できるようなものであれば，広告会社のクラ

イアントであるA社として，自社の宣伝に競合会社の製品が掲載されることによる宣伝効果の低下等を懸念するだろう。逆に，B社としても，競合の宣伝に自社の製品が掲載されることで自社の有名な製品へのフリーライドやブランドの希釈化等に対する警戒を示すだろう。

そこで，他社製品が競合品の場合には，写真を差し替えたり修正するべき場合が多いと言える。

3　他社製品が競合品以外の場合

他社製品が競合品以外の場合であれば，写り込んでも，特に大きな問題がないということになることもあるだろう。しかし，有名な製品であれば，コラボレーションしていないのにフリーライドしようとしている等のクレームリスク（基礎編Q91）も踏まえて対応を検討するべきである。

【☞基礎編のQも確認】Q13，Q91-Q93

Q6 商品の写り込み

　店内のフロア案内ポスターに各コーナーの写真を掲載するところ，販売中の商品が写り込みます。問題ありませんか？

A

写り込みの例外を検討しましょう。

フロアを案内するポスターでは，「どこにどのコーナーがあるか」を示す際に，それぞれのコーナーで販売されている商品が映り込むことがある。それぞれの商品の外観に著作権が発生していないこともあるが，例えば書籍の表紙等にイラストが掲載されている場合であれば，著作権の問題が生じる可能性はある。

そのような場合において，まずは，写り込み（基礎編Q13）の例外（著作権法30条の2）該当性を検討すべきである。写り込みの例外は，営利目的でも適用されるものの，「当該付随対象著作物の種類及び用途並びに当該利

9

用の態様に照らし著作者の利益を不当に害することとなる場合」には，制限規定の適用が認められない。そして，現在または潜在的市場で競合する場合には利益を害するとされている（著作権法376頁）。

そのコーナー全体の様子を映す写真の中に，一部の平積み書籍の表紙が映り込んでいる状況であれば問題がない可能性が高いが，まさに特定の書籍の表紙そのものを写す写真であれば，問題がある可能性が高いだろう。

なお，仮に写り込みの例外が利用できるとしても，目的が「コーナーの雰囲気を伝える」だけであれば，写り込んでいる書籍の表紙部分をぼかすといった処理もあり得る。

【☞基礎編のQも確認】Q13，Q91-Q93

Q7 手書きのイラスト

書店で手書きPOP作製する際，その書籍に登場するキャラクターのイラストを利用してもいいですか？

A

著作権を侵害しないか，または黙示の承諾が認められる範囲で行うことも，全く考えられなくはないものの，慎重を期すのであれば，事前に出版社側に確認を取りましょう。

書店において，書籍の魅力を10センチ×15センチくらいの比較的小さい紙にまとめて注目を引くPOPは重要な役割を果たす。とりわけ，手書きPOPは，書店員の感性への共感が潜在的読者の興味を引き，購入につながるとされる。もちろん，文字だけの手書きPOPもあるし，イラストがある場合でも，「読者の声」のような形で，「面白かったー」という吹き出しと共に，（オリジナルの）読者（やその本を読んだ書店員自身）の顔が描かれているだけであれば，特に著作権の問題にはならない。しかし，その書籍に登場するキャラクターをイラスト化することもあり，その場合には著作権が問題となり得る。

　まず，そもそも（イラストのない）小説に描かれているキャラクターを書店員が想像してイラスト化するという場合，小説におけるキャラクター描写が極めて精緻で，その通りに描けば当該小説の描写における本質的特徴を直接感得（基礎編Q21）できるような例外的場合であれば，著作権の問題となり得るが，例えば本文中の描写が「丸い目をした大きなフクロウのような姿の怪物」という程度であれば，そのイラストとしては，様々なバリエーションがあり得るところで，そこから想像を膨らませてイラスト化しただけではただちに原作の著作権を侵害しない可能性も高いだろう。

　次に，イラストが掲載されている小説や漫画である場合，元のイラストにどの程度似せているかが問題である。例えば，棒人間にした場合等には，本質的特徴を直接感得できない可能性が高い。これに対し，一定以上類似していて本質的特徴を直接感得できれば，その段階で一応侵害の可能性が出てくる。

　ここで，POPはその書籍を売ることを促進するためのものであり，著作権者が大きく目くじらを立てることは少ないと思われる。実際に，出版社や著者本人のSNS等で，イラスト入りPOPを取り上げて宣伝するといった例も見られる。そのような黙示の承諾が得られる範囲であれば，大きな問題はないかもしれない。

　但し，書店として黙示の承諾が得られる範囲だと思ったが，著作権者が文句をいうといったリスクを気にするのであれば，慎重を期すという趣旨で，事前に出版社側に確認を取るべきだろう。

【☞基礎編のQも確認】Q11，Q21

Ｑ⑧ 童話をモチーフにしたチラシ

> 白雪姫，シンデレラ，人魚姫等の童話をモチーフにした
> チラシを作成することは可能ですか？

Ａ

　童話には新作童話と，いわゆる昔ながらの（著作権が切れた）
おとぎ話があり，新作童話はその著作権に留意が必要です。著
作権が切れた昔ながらのおとぎ話ならば，それをモチーフにす
ること自体が直ちに問題となるものではありませんが，モチー
フにする上での具体的方法には留意が必要です。

1　「童話」の種類

　童話の中には例えばアンデルセン童話や日本の昔話等，かなり古い時代
から語り継がれている物がある。これは著作権が切れていると考えて差し
支えないだろう。

　これに対し，同じ「童話」でも新作童話も存在する。例えば，星の王子
様やクマのプーさんは著作権が切れたばかりである。最近の人気の絵本等
はまだ著作権が残っているものも少なくない。

2　著作権が残る新作童話

　例えば，チラシの中にその童話の有名なフレーズを取り込むという場合，
それが短いものであればそもそも著作権により保護されない可能性もある
（基礎編Q18及び本書Q9参照）。ただ，それが一定以上の長さであれば，ライ
センスを得ないと著作権侵害になり得る。それが有名な新作童話であり，
誰もが「それ」のことだと分かるのであれば，基本的には権利者と交渉を
してコラボレーションをすることを第一選択とすべきであろう（基礎編26
－28頁も参照）。仮に著作権をギリギリ回避することができても，クレーム
リスク（基礎編Q91）も残る。また，童話であれば，それが絵本であるかそ
うではないかを問わず，なんらかのイラストが付されていることが多いと
ころ，ライセンスを得ていなければイラストはあくまでも「イメージ」に

基づく新作のイラストを書き下ろすことしかできないので，消費者として
違和感が残るだろう。

3　著作権が切れたもの

　例えば，白雪姫，シンデレラ，人魚姫等について「その元のおとぎ話」
の内容を利用したり，「その元のおとぎ話」を元に新たにイラストを描い
て利用することは基本的に著作権を侵害するものではない。

　もっとも，例えばディズニーがその元のおとぎ話を改変してアニメー
ション等を作成しているところ，当該ディズニーによる改変部分やイラス
ト等をそのまま利用すれば，元のアンデルセン等の著作権は侵害してなく
ても，ディズニーの著作権を侵害する可能性がある。このような点には十
分に留意し，どの部分が原作で，どの部分が近時の改変かを把握した上で，
イラスト発注時にも，ディズニーの絵の特徴を再現しないよう注意喚起す
べきである（もちろん，同じキャラクターである以上，ある程度類似してきてはしま
うのだろうが，特に元の童話に描かれた特徴を普通に表現した結果としての類似，例え
ば「人魚姫」のイラストにおいて，「上半身が若い女性で下半身が尾ビレがある魚」と
いう範囲で類似するというのは，それはディズニーが権利を持たない（パブリックドメ
インの）範囲での類似であり，問題はない。）。

4　その他

　著作権が切れたことは商標等他の権利の不存在を意味しないため，他の
権利についても確認する必要がある。

　なお，ピーターラビット財団等，著作権は切れたものの，権利を遺族等
が主張するものもあり（https://www.kottolaw.com/column/000042.html），ク
レームリスク（基礎編Q91）を重視せざるを得ない広告法務ではこれらに関
しても留意すべきである。

【☞基礎編のQも確認】Q18，Q91-93

Q9 アニメ・漫画等のセリフの利用

チラシのコピーに「全集中」とか「アーニャこれ欲しいです。」をいれたいとの要望がありましたが，問題がありますか？

A

著作権法だけの観点からはセーフの可能性が高いと思われますが，だからといって積極的にやるべきとは考えません。

1 短いフレーズと著作権

「全集中」という短いフレーズが「鬼滅の刃」の権利者の著作権を侵害するかについては，基礎編Q18のキャッチコピーに関する議論が参考になる。基礎編で紹介した，「ボク安心　ママの膝（ひざ）より　シートベルト」に創作性を認める交通標語事件（東京高判平成13年10月31日）や「ある日突然，英語が口から飛び出した！」の創作性を否定した英会話事件（知財高判平成27年11月10日）等を踏まえると，「全集中」という漢字三文字だけで創作性があるとまでは言えないと思われる（もちろん，その三文字を含むより長いセリフ等になってくれば，議論は変わり得る）。

2 キャラクターと著作権

ここで，(漫画・アニメ)キャラクターと著作権については，①特定の絵をベースにその本質的特徴を直接感得できれば著作権侵害となり得るが，そうではない②キャラクターそのもの，例えば，キャラクターの名前や性格等については少なくとも著作権による保護はされないということが重要である。

まず，②の具体的な絵等から離れたキャラクターそのものの保護の点について言えば，ポパイネクタイ事件（最判平成9.7.17民集　51-6-2714）が「一定の名称，容貌，役割等の特徴を有する登場人物が反復して描かれている一話完結形式の連載漫画においては，当該登場人物が描かれた各回の漫画それぞれが著作物に当たり，具体的な漫画を離れ，右登場人物のいわゆるキャラクターをもって著作物ということはできない。けだし，キャラクターといわれるものは，漫画の具体的表現から昇華した登場人物の人格

ともいうべき抽象的概念であって，具体的表現そのものではなく，それ自体が思想又は感情を創作的に表現したものということができないからである。」と判断しているように，抽象的キャラクターそのものの著作権は否定されている。そこで，少なくとも著作権だけを考えれば，「アーニャ」というキャラクター名を用いること自体はSPY×FAMILYの著作権者の著作権を侵害しないし，「〜です」を「〜ます」と間違える，ということも（上記判決のいうところのアーニャというキャラクターの「人格ともいうべき抽象的概念」を用いているに過ぎず）SPY×FAMILYの権利者の著作権を侵害しない。

しかし，上記①の具体的な絵の本質的な特徴を直接感得できる内容になっていれば著作権侵害となり得るという点を忘れてはいけない。例えば，広告にイラストを入れたところ，その具体的なイラストの特徴がアーニャのイラストの具体的表現の本質的特徴を直接感得できるようなものであれば，当該イラストが著作権侵害となることがあり得る。

3 その他の権利侵害，クレームリスク，及びキャンペーンの質・効果の観点からの考察

加えて，商標権侵害等（基礎編第4話参照）の著作権以外のリスクもある。

また，権利者又は消費者，作品のファン等によるクレームリスク（基礎編Q91）もある。

何よりも，正攻法としてはコラボレーションをすることも考えられるわけで，本当はコラボをしていないのに「コラボをしているのではないか」，という誤った印象を与えること自体が問題であるし，また，その印象を与えないように注意すれば，結局のところ「なぜそのフレーズを選んだのか？」という話になりかねない（基礎編26−28頁も参照）。要するに，キャンペーンの質・効果の観点からあまり望ましくないことが多いだろう。

著作権法上ギリギリを攻めることが純粋な著作権の観点からセーフであっても，広告法務パーソンは他の観点も踏めて総合的に考えるべきであり，著作権法上セーフだからといって積極的にやるべきという話には到底ならないものである（いわゆるアンブッシュマーケティングに関する基礎編81-82頁及び本書Q111も参照。）。

【☞基礎編のQも確認】Q18，Q91-Q93

Q10 トランプ等のデザイン利用

> トランプ，タロットカード，大入袋の柄を広告のデザインに利用できますか（トランプ・タロットカード・大入袋そのものの宣伝ではないことが前提となります）？

A

例えばトランプの柄「一般」の著作権は既に消滅しているので，新たに書き下ろしたトランプの柄のデザインは著作権を侵害しない可能性があります。これに対し市販のトランプの柄をそのまま利用すると著作権の問題が生じる可能性があります。

トランプ，タロットカード等の中には複雑な図案が含まれており，そのようなものは，もし著作権保護期間の範囲内であれば，著作権による保護を受けるだろう（大入袋はその内容次第であり，特にフォントが特徴とされる場合，フォントにつき顕著な特徴を有するといった独創性及びそれ自体が美術鑑賞の対象となり得る美的特性が求められていること（最判平成12.9.7民集54-7-2481）を踏まえて検討すべきと思われる。）。

ただ，これらの図柄は，歴史を見る限りオリジナルが公表されてからいずれも何百年も経過しているため「オリジナルのトランプ」「オリジナルのタロットカード」等の著作権はかなり昔に切れていてパブリックドメインになっていると理解して問題なさそうである。

問題は，「今売られている市販のトランプ，タロットカード，大入り袋」の著作権である。すなわち，「元々のデザイン」は著作権が切れていても「今売られている『その』デザイン」は，最近のデザイナーが，「トランプだ」「タロットだ」と判別できるような内容としながらも，独自の工夫を凝らしていることがあり，それがいわゆるアイデア表現二分論（基礎編Q9参照）でいうところの表現に属し，創作性が認められる程度に達していれば，著作権が「その工夫」の部分に発生する。

そこで，一般には，トランプ柄やタロット柄，大入袋の柄を，新たにデ

ザイナーに書き下ろしてもらうことが推奨される。その際は，既存の柄を参考にすること自体は差し支えないものの，あくまでも参考にとどめ，「トランプとして（タロットとして，大入袋として）共通する部分」以外の部分を真似しないように注意喚起すべきである。

Q11 権利侵害への対応

　　クライアントから，あるキャンペーンのためキャンペーンサイトを公開していたところ，ライバル会社に「パクリサイト」を作られた，という相談がありました。確認したところ，当社がクライアントから委託して製作したキャンペーンサイトとかなり似通っており，一部は一字一句同じ文章が掲載されています。どのような対応をすれば良いですか？

A

　予防法務としては「パクリはやってはいけない」となります。ただ，紛争解決法務として法的に請求を立てられるかどうかは具体的内容によります。

1　予防法務と紛争解決法務

　基礎編第2話においては予防法務，つまり，これからキャンペーン等を行う際にどのように対応すべきかを扱った。もし「他社の類似キャンペーンサイトをパクる」といったアイデアが出てきたら，法務としてはやらないように説得することになるだろう。

　しかし，基礎編第12話においては，紛争解決法務も取り扱っている。もちろん予防法務は重要であるが，いかに予防法務対応を尽くしても紛争はゼロにならない。例えば，設問の「被害者」として，事前に何かの策を講じればこの被害を回避できたということではないように思われる。突然生じたサイトをパクられた事案をどう解決するか，これが紛争解決法務にお

ける法務の腕の見せ所である（なお，予防法務・紛争解決法務等の法務の種類ごとの対応等については基礎編公刊後に松尾剛行『キャリアデザインのための企業法務入門』（有斐閣，2022年）を公刊し，説明している。）。

2　著作権は何について発生するか

まずはどのような部分に権利が発生するか問題となる。ここで，クライアントの社名やブランド名，商品名等は，流石にパクらない（パクったのでは自社の宣伝にならない）だろう。そうすると，商標等は問題とならず，むしろポイントになるのは著作権であると思われる。

一般的なウェブサイトを想定し，著作権法10条の著作物の例示に沿って整理すると，主に以下のような類型の著作権が発生するように思われる。

・ウェブサイト上のイラスト，図表，動画等（，及びそれら全体）について美術の著作物としての著作権が発生
・ウェブサイトの文章（キャッチフレーズ，コピー，説明等）について，言語の著作物としての著作権が発生
・ウェブサイトのプログラムについてプログラムの著作物としての著作権が発生

3　誰が権利者か

相手に対して通告その他の対応をするにあたり，誰が権利者かが問題となる。

基本的には，著作物を創作した著作者が著作権者になるものの，実務上は職務著作及び契約に基づく移転が重要である。この点は**基礎編Q10**及び**本書Q4**を参照されたい。

本件では，クライアントが広告会社（自社）に委託していることから，その際の契約内容を確認することになる。実務上は，広告会社の従業員が作成する場合だけではなく，広告会社から第三者（例えば外部ライター等）に再委託している可能性もある（**基礎編Q10，Q12**等参照）。

主に，以下のパターンがあり得るだろう（実際には再々委託ライセンス関係等でより複雑な状況が生じる場合がある）。

場合分け	著作権者
A　広告会社が第三者（外部ライター等）に委託した場合	外部ライター等の第三者
A－1　第三者から著作権の譲渡を受けていない場合	
A－2　第三者から著作権の譲渡を受けた場合	
A－2－1　広告会社がクライアントに著作権を譲渡した場合	クライアント
A－2－2　クライアントに譲渡していない場合	広告会社
B　広告会社の従業員が作成した場合（職務著作）	
B－1　広告会社がクライアントに著作権を譲渡した場合	クライアント
B－2　クライアントに譲渡していない場合	広告会社

4　権利侵害の有無

　仮に権利者が権利を行使したいとしても，実際に権利侵害が発生していなければ差し止めや損害賠償等を求めることはできない。ここで，重要なポイントは「類似したキャンペーンそのものを禁止する方法はない」ということである。例えば「2つ買えば2つ目半額」というキャンペーンは，実質的には25%オフに過ぎず，また，単なる25%オフならば，一個しか買わない人も多いと思われるところ，割引を享受するには2個買わないといけないとすれば，販売数量が2倍に増える可能性があるという，ある意味において「良いキャンペーン」である。しかし，これを仮にその業界で自社が先に思いついたとしても，他社が類似のキャンペーンをすることを禁止することはできない。だからこそ，このような，独占をすることができない（他社が自由にキャンペーンとして行うことができる）範囲での類似性（いわば「アイディア」の類似性）は，著作権侵害を基礎付けないということは十分理解すべきである。

　例えば，「2着目半額キャンペーン-2着ご購入のお客様には2着目を半額でご提供します。なお，価格の異なる2着をお買い求めの場合には，価格が安い方を2着目とみなして半額の対象とさせて頂きます。」という程

度だと，確かに短かすぎて権利が発生しないフレーズ（基礎編Q18）という領域は超えている文字数の可能性はあるだろう。しかし，「２つ買えば２つ目半額」というキャンペーンのアイディアを実現する上でどうしてもこの表現となる，という範囲ではアイディアと表現が一致する（表現の選択の幅がない，又は狭い）と評価され得るだろう。

　そこで，同じキャンペーンを他社が行う際に，この文言と酷似した，又は場合によっては同一の文言が用いた場合でも，少なくとも，このような同じアイディアのキャンペーンを実現する上でどうしても似かよるという範囲であればその類似性（場合によっては同一性）は，単なるアイディアの類似性・同一性に基づくものであって，著作権侵害にならないという判断は十分にあり得る。これは言語の著作物だけではなく，例えばキャンペーンの内容を示す図表（美術の著作物）等についても，そのキャンペーンのアイディアを図解するために必要な範囲で共通性があっても，著作権侵害にならないという判断は十分にあり得る。

　もちろん，それと異なる部分に類似性がある場合，例えば自社に著作権がある写真をそのまま利用された場合等には著作権侵害の可能性が高まるだろう。

　これらの判断の際には，関連する先例を踏まえて判断すべきである。例えば，データ復旧サービスサイトについて同業他社がほぼ一致する表現をしたにもかかわらず，著作権侵害を否定した知財高判平成23.5.26裁判所ウェブサイト（原審：東京地判平成22.12.10裁判所ウェブサイト）や，住宅金利情報をまとめた図表に類似した図表のウェブサイト上の掲示について著作権侵害を否定した知財高判平成23.4.19裁判所ウェブサイトが重要である。但し，肯定的な判断をした事例もある。例えば，利用規約の著作権侵害を肯定した東京地判平成26.7.30裁判所ウェブサイト（なお，東京地判平成24年３月27日2012WLJPCA03278020も参照），（発信者情報開示の文脈で）ウェブサイト上の商品紹介画像を盗用して商品だけを差し替えたことにつき著作権侵害を肯定した東京地判平成30年７月20日2018WLJPCA07209004，ブログについて著作権侵害を肯定した東京地判平成27年４月24日2015WLJPCA04249001（欠席判決），（発信者情報開示の文脈で）ブログ記事の

著作権侵害を肯定した東京地判平成26年10月29日2014WLJPCA10298018や東京地判平成25年12月17日2013WLJPCA12178025等である。これらはあくまでも目についたものを一部掲載したにすぎないことから，実際に対応する法務担当者としては，（必要に応じて外部の専門家の協力を得ながら）包括的なリサーチに基づき自社の具体的状況と対比をして権利侵害の有無について判断をすべきである。

5　対応をするか／どのような対応をするか

　以上を踏まえ，権利侵害だと主張してキャンペーンサイトの取り下げや修正を求めるのか，それとも何もしないのか等を決めることになる。もちろん，明らかに違法であり，かつ，ビジネス上も看過できないとなれば，パクリサイトの取り下げ等の是正を求めるよう通告を行うことも考えられる。ただ，例えば，部分的に権利侵害と言える可能性がある部分がいくつか認められても，それが極めてマイナーな部分である場合には「捨て置く」（確かに権利侵害だが，特に権利を行使しない）という判断も考えられる。

　なお，近時ではAの掲載する著作物がBの著作物等の権利を侵害しないにもかかわらず，Bが（著作権等の）権利侵害を主張して，Aに対し，又は著作物を掲載するサイトに対してその取り下げを求めることが，BによるAに対する不法行為等になるかという点が議論されている。そして，実際に，編み物系YouTuber事件（大阪高判令和4.10.14裁判所ウェブサイト（原審：京都地判令和3.12.21裁判所ウェブサイト））では，Aが実際にはBの権利を侵害しない動画をアップロードしていただけなのにもかかわらず，BがYouTubeに対して動画の取り下げを求め，その結果として動画の取り下げがされたことが，BによるAに対する不法行為に該当するとして損害賠償が認められた。例えば，キャンペーンのアイディアを利用しただけで，その範囲で文章や図解が似通っているだけだったという場合に「権利侵害だ」と公然と主張すること自体が逆に自社の不法行為や不正競争防止法違反（不競法2条1項21号「競争関係にある他人の営業上の信用を害する虚偽の事実を告知し，又は流布する行為」）等になる可能性もあることには留意が必要である。

　いずれにせよ，特に紛争解決法務については，例えば通告を受けた相手

が債務不存在確認訴訟を起こしたり，取り下げを求めたことが不法行為だとして損害賠償請求訴訟を起こす等，裁判になる可能性がある以上，裁判での代理人候補となる専門家等に相談しながら進め方を考えるべきである。

【☞基礎編のQも確認】Q 1 -Q 8 ，Q10，Q12，Q18，Q24

Q12 トレース

> クライアント担当者が他社のクリエイティブをトレースしたものを作成するようオーダーしてきます。法的な問題がないか不安です。

A

もちろん問題があります。但し，イメージの共有によりどのようなクリエイティブを作るかについて認識を一致させること自体は前向きに考えるべきでしょう。

1　イメージ共有

クライアントと広告会社との関係，そして，広告会社と制作会社との関係（基礎編6-7頁及び基礎編Q 2 参照）において，どのようなクリエイティブを制作すべきかについて相互の理解が一致しておらず，作り直しや大幅な修正が発生するといった事態が頻繁に発生する。この場合，費用負担や納期の問題が生じたり，下請法（基礎編Q90参照）の問題となることもある。

そこで，例えば参考となるクリエイティブのリンクを送ったり，現物を渡す等の方法でイメージを共有することは望ましいことである。

ただし，そのイラストについて利用許諾を得て利用するといった目的でなければ検討過程での利用に関する権利制限規定（著作権法30条の 3 ，基礎編Q14）を利用することはできず，原則として複製等を行うことはできない。

2　トレス

本問ではトレース（トレス）が要求されているが，この表現は多義的である。例えば，ある画像を「参考」にしたり，「インスパイア」された作

品の作成も「トレス」と呼ばれることがある（友利昂『エセ著作権事件簿』（パブリブ，2022）参照）。単に参考にしただけで，元作品の表現の特徴を直接感得することができないなら，著作権の問題は基本的には生じない。

ただし，特定の創作性のある画像をそのまま利用しているとか，少しだけ変えてもなお元の作品の表現の特徴を直接感得できるものであれば，ライセンスを得ない限り複製権侵害や翻案権侵害となり得る（基礎編Q21）。

加えて，クレームリスク（基礎編Q91）として，トレスだというクレームはあり得るところである。ここで，他の作品からインスパイアされた程度であれば大きな問題となることは少なく，指摘があったからといって直ちに謝罪して回収となるとは限らない。ただし，例えば他の商品のイメージにただのりしていると思われる場合等において，そのリスクをきちんとクライアント（広告主）に説明しているかは問題となる。そこで，事前にこういう作品にインスパイアされたが，この程度しか参考にしていないので著作権の問題はなく，その上でこういう独自性のあるものである等と説明し，クライアントの方で利用の可否を判断してもらうことが考えられる。

なお，実務上クライアントの方が「トレス」を積極的に求めることもあるところ，その趣旨を実現しても著作権侵害にならないものであれば，クライアントにリスクの内容を説明した上で，なお進めたいという意向であれば進めることはあり得る。但し，いくらクライアントの指示でも，仮に著作権侵害が生じれば，それは広告会社自身の違法行為となるのであって，クライアントから指示されたことが免罪符にならないことは広告会社として肝に銘じるべきである。

【☞基礎編のQも確認】Q2，Q14，Q21，Q24，Q90-Q93

Q13 写真をイラスト化する

> とても良い写真を見つけました。権利者が不明ですが,クライアントが是非使いたいということで,イラスト風に加工するか,イラストレーターにこの写真を使ってイラストを描かせてクリエイティブに利用しても大丈夫ですか?

A

法律的にはそのクリエイティブが写真の本質的特徴を直接感得できるものかどうかで判断されるのでしょうが,危ない橋を渡らず,権利関係が明確な,同じようなイメージの画像を利用すべきです。

1 依拠性と類似性 (本質的特徴直接感得性)

著作権者が不明であっても,その広告がある意味では「成功」して,多くの人の目に触れた結果,著作権者がその広告に気づき,「自分の著作権を侵害している」として訴えれば,裁判では著作権侵害だとして敗訴してしまう。また,著作権者不明の場合に対応した裁定手続 (著作権法67条以下) は存在するものの,裁定手続に掛かる時間を踏まえると,例えば広告アーカイブ (本書Q18) の作成等の目的であれば利用が可能であるが,通常の広告での利用を目的とするのであれば,実務的には時間がかかりすぎて利用できないと判断される可能性が高いと思われる。なお,著作権法の令和5年改正によって簡便迅速な新たな裁定制度が導入されているが,まだその使い勝手は未知数である (本書Q18)。

そうすると,依拠し,かつ,類似していれば (本質的特徴を直接感得できれば),それは複製または翻案として著作権侵害になる以上,依拠性と類似性を考えるべきことになる。この場合,依拠性は既にクライアントが指定してこれをもとにして欲しいと述べているので明らかに認められる。よって,具体的なソフトウェアによるイラスト化後のものやイラストレーターによるイラスト化後のものが,類似性がある,つまり,元の写真の本質的

特徴を直接感得できれば，著作権侵害となってしまう。

2 クレームリスク

　最近では，公的なポスターが，特定のイラストレーターのものを参考にしていたところ，インターネット上でその点が非難されていわば「炎上」し，使用を取り止めた事例があった。具体的に参考にされたのがどの画像なのかは公表されていないものの，インターネット上で比較画像として出回っているのをみる限り，いわゆる「画風」のレベルであって，具体的な表現は共通していない可能性もあるように思われる。

　もし，単に画風が類似しているだけであれば，参考とされた画像と実際のポスターの画像の間の共通点は表現の本質を直接感得できる部分ではないとして，著作権侵害とはならない。しかし，そうであっても，このようなクレームリスクの可能性を踏まえて検討するべきである（基礎編Q91）。

3 イメージの活用

　一般には，クライアントがそのイメージを是非使いたいという以上，何らかの理由があるはずである。例えば，その写真の与える印象ないしイメージが当該広告の目的に合致するといったものである。広告会社としては，クライアントの「気に入ったところ」を聞き取った上で，イメージが共通していることから，クライアントの期待する広告効果という意味では同様の印象を与えることができるが，表現自体について類似性のない，権利関係のハッキリとした画像の候補を示して（又は新たな画像を作成することを提案して）そちらに誘導すべきである。

【☞基礎編のQも確認】Q21，Q23，Q91-Q93

Q14 フリー素材

> 建物を撮影した「フリー素材」を広告クリエイティブに
> 利用しても良いでしょうか？

A

「フリー素材」の趣旨を確認すべきです。なお，建物の著作権
については特徴がありますので，それを踏まえて対応すべきで
す。

1 フリー素材の留意点

本件では「フリー素材」が利用されている。フリー素材については，基
礎編Q23で既に説明しているところである。

要するに，写真には主に2種類の権利が関係する。撮影者の権利と被写
体に関する権利である。確かに，撮影者は著作権を有する。しかし，撮影
者だけの許諾では，被写体に関する権利関係はクリアにならない。例えば，
芸能人AをカメラマンBが撮影した場合，Bは写真の著作権について許諾
をすることができるが，当該写真には芸能人Aの肖像権（基礎編Q41）やパ
ブリシティ権（基礎編Q42）等が含まれるのであり，この点は別途A側（実
務上はAの所属する事務所であることが多い）の許諾を得なければならない。最
近は画像生成AIを利用して生成した画像をフリー素材と称して売ってい
る場合もあるが，その場合にI2I（イメージ・トゥー・イメージ。画像をAIに入
れると別の画像が生成される技術）で，他人が著作権を持つ画像を投入するこ
とで，結果的にその二次的著作物を生成してしまうというリスクもある
（画像生成AIについては**本書Q19**や**本書第10章**を参照されたい）。

以下では，カメラマン甲が，建築家乙が設計等を行った建築物を撮影し
たところ，甲が（乙の許諾を得ないまま）「フリー素材」として当該写真を販
売しているという状況について検討しよう。

この場合，撮影者の権利については，撮影者である甲自身が許諾をして
いるので，許諾の範囲内での利用は問題がないことになる。そこで，例え

ば商用利用が許されるか等，その許諾条件を確認した上で，想定される利用が許諾の範囲内であれば基本的には撮影者甲の権利に関する限りではクリアになったといえる。問題は，建築家乙の権利である。

2　建築物にそもそも著作権が成立するか

建築物の場合，そもそも著作権が成立せず，乙が著作権を有しないこともある。著作権が成立しない例としては，ありふれた建売住宅等が挙げられる。このように考えられるのは，建物は実用品であり，無限定に著作権を認めるべきではないという観点からである。例えば，代表的教科書は，「建築物の多くは実用的要素が強く，そのために単に創作性があるからといって著作物性を認めることはでき（ない）」（『著作権法』107 - 108頁）等とする。具体的にその建築物について著作権が認められるか否かはケースバイケースの判断であり，否定例としては，ログハウス事件（東京地判平成26.10.17裁判所ウェブサイト）等がある。逆に，設計図に関するものだが（デッドコピーのみの保護という趣旨での）肯定例としては建て替えマンション設計図事件（知財高判平成27.5 .25裁判所ウェブサイト）等がある。

3　建築物に関する著作権の制限規定

仮に上記の検討の結果として乙が著作権を有する，又はその可能性が否定できないとなった場合（そして，例えば，江戸時代の建築物であるから既に保護期間が経過済みである等の別の理由で否定することもできない場合）に，当該写真を利用することはできなくなるのであろうか。

この点，原作品が屋外の場所に恒常的に設置されている美術の著作物および建築物については，著作権法46条が自由利用を定めている。すなわち，以下の4つの場合（同法46条各号）を除き，自由に利用することができる。

- 彫刻を増製し，又はその増製物の譲渡により公衆に提供する場合（1号）
- 建築の著作物を建築により複製し，又はその複製物の譲渡により公衆に提供する場合（2号）
- 前条第二項（注：同法45条2項「前項の規定は，美術の著作物の原作品を街路，公園その他一般公衆に開放されている屋外の場所又は建造物の外壁その他

一般公衆の見やすい屋外の場所に恒常的に設置する場合には，適用しない」）
に規定する屋外の場所に恒常的に設置するために複製する場合（3号）

・専ら美術の著作物の複製物の販売を目的として複製し，又はその複製物を販売する場合（4号）

　本件で，甲は建築著作物を写真撮影しているが，「建築により複製」をしていないので，同法46条2号に該当しない。よって，通常の場合には，乙の著作権に対しては法46条柱書の制限規定（自由利用）が適用され，その結果として，甲の販売する写真を広告会社が利用しても乙の著作権を侵害しないことになるといえるだろう（なお，建築物が美術の著作物と評価できるような例外的な場合で，屋外の場所に恒常的に設置されている場合には4号が適用されるとの指摘につき『田村概説』211頁及び『著作権法』456頁参照。これに対し，『小倉＝金井コンメンタールⅡ』272頁は反対である。もし肯定説を採用すると，これを販売する「フリー素材」販売者の行為が著作権侵害となる可能性がある。）。

【☞基礎編のQも確認】Q15，Q23，Q41，Q42

Q15 屋外に設置された美術作品

　屋外に設置された美術作品を自由に広告に利用して大丈夫ですよね？

A

　著作権侵害の観点からセーフな可能性があります。但し，クレームリスクには留意してください。

1　著作権法46条
　本書Q14のとおり，著作権法46条の自由利用は屋外に恒常的に設置された美術作品についても適用される。
　例えば，屋外に恒常的に設置された彫刻を利用したポスターをオンライ

ン上に掲載（公衆送信）するのであれば同法46条各号のいずれにも該当しない（その結果広告に利用をしても著作権を侵害しない）可能性がある。もっとも，そのポスターを屋外の場所に恒常的に設置する場合，同法46条3号の解釈として彫刻を写真に撮り，屋外の場所に恒常的に設置することも認められないとされていることから，そのような態様の広告に利用することは著作権侵害のリスクが残る（『著作権法』456頁）。実務上特定の態様での広告を前提に法務がアドバイスをした後，その広告が成功すると別の態様で広告が展開され，その際に法務に相談が来ないこともある。同法46条は利用態様次第で侵害・非侵害の判断が変わり得ることから，法務として当初想定した態様のみで利用されることを担保する（利用態様が変われば別途相談してもらう）ことが重要である。

2　クレームリスク

　ここで，クレームリスク（基礎編Q91）も重要である。特に有名な彫刻等であれば，その彫刻家のイメージが既に形成されている可能性があるところ，それと異なるイメージの広告に自らの作品が利用されることが，強硬なクレームに発展する可能性があり，また，利用態様次第では社会的批判を浴びる可能性もあることに留意が必要である。仮に著作権法上適法な利用であっても，このようなクレームリスクを踏まえた対応を行うべきである。

【☞基礎編のQも確認】Q19，Q91-93

Q16 ピクトグラム

> 当社がピクトグラムを作って利用する場合と，第三者の作ったピクトグラムをそのまま，又は少し異なる形で利用する場合の留意点を教えてください。

A

まず，名所等をピクトグラム化する場合には，元作品の著作権侵害等がないか確認しましょう。また，ピクトグラムについては，その著作物性を肯定するものがありますので，具体的な内容次第ですが，ライセンスを受けないまま他人の作成したピクトグラムを利用すべきではありません。

1 元作品の著作権侵害

まず，当該ピクトグラムがどのような作品を対象としているかによって，元作品の著作権を侵害するリスクは変わると思われる。

広告会社が自社でピクトグラムを作り，自社の広告クリエイティブに利用するという場合を考えると，屋外に恒常的に設置された美術作品および建築物であれば，**本書Q14及びQ15で述べた著作権法46条が適用できる場**合も十分にあり得るように思われる。これに対し，それ以外の作品をピクトグラム化する場合には，それが翻案等にならないか，本質的特徴を直接感得（基礎編Q21）できるかを判断していくことになるだろう。例えば，地図上の浦安市の某遊園地の所在地に，写実的なネズミのイラストをもとにしたピクトグラムを置く等，一見違うように見えるが，よく考えると「多分『あれ』のことだな」と分かるようなものであれば著作権の問題は生じないことが多いと思われる（なお，下記3も参照）。しかし，そうでなければ，具体的態様次第で著作権侵害のおそれがある。

2 他者の作成したピクトグラムの著作権侵害

ピクトグラムそのものに著作権が発生するかについてはこれが応用美術の類型であることから議論がある。この点は既に**基礎編Q19**で述べたとお

りであり，確定的に判断する最高裁判例がなく，逆に，大阪城や通天閣の
ピクトグラムの著作物性を肯定した裁判例もある（大阪地判平成27．9．24裁判
所ウェブサイト）。そこで，（他人が勝手に自社のピクトグラムを利用した場合に権利行
使できるかという問題はともかく）少なくとも他人のピクトグラムをそのまま，
または少し異なる形で利用することができるかという問題を考える場合に
は保守的に，ライセンスを得ずに利用することは避けるという方向で考え
るのが実務的であろう（基礎編Q19）。

3　その他

　なお，上記の１又は２の検討の結果，法的には適法に利用できるとして
も，特定の名所の運営主体が広告主を支持するといったニュアンスを出す
使い方に対しては，特にクレームリスク（基礎編Q91）に留意すべきである
（基礎編Q19）。

【☛基礎編のQも確認】Q19，Q21，Q91-93

Q17 素材写真の使い回し

> 　当社（A社）および当社と関係の深い広告会社のB社が，
> いずれも同じクライアントC社のため同じC社商品の広告
> 宣伝を行います。最初はB社がキャンペーンを担当し，そ
> の際に，D社からB社が特定の素材写真のライセンスを受
> けました。今回C社が当社に同じ商品の関連キャンペーン
> を依頼しましたが，C社はまた同じ写真を使いたいと言っ
> てます。既にB社がライセンスをもらっているので，その
> まま使ってもいいですよね？

A

　契約内容次第ですが，ライセンス違反になる可能性が高そう
です。

　D社は当該素材写真の著作権を自ら有し，又は著作権者からライセンス

を受けた上で，各社に著作権のライセンスをしている。この場合に，D社からライセンスを受けたB社が素材写真をどの範囲で利用できるかについては，まずはライセンス契約の内容を参照することになる。

　例えば，(B社ではなく)C社がD社と契約し，C社のキャンペーンのためであれば素材写真を何度でも異なる方法で利用して良いという契約ならば，当該素材写真をA社がC社のために実施する別のキャンペーンに利用することもできるかもしれない。

　しかし，今回D社と契約しているのがB社であれば，いかにC社という共通のクライアントのためであっても，それはB社が利用する場合にのみライセンスが有効で，A社が使うのであれば，別途ライセンスを得るべきとされることが多いように思われる。この点はライセンス契約の具体的条項を確認し，それに基づき最終判断すべきである。

【☞基礎編のQも確認】Q1，Q12，Q23，Q50-Q52

Q18 広告アーカイブの著作権者が不明

　当社は創立50周年を記念して広告アーカイブを作ろうとしています。権利者が分かれば趣旨を説明して許諾頂きたいものの，昔の広告で，権利者が現時点では不明ながらも，30-40年前等，まだ著作権が残っているだろうものも多く，対応に困っております。どのように対応したら良いでしょうか？

A

　まずは現行法の著作権者不明等の場合の裁定制度の利用を検討しましょう。また，著作権法の令和5年改正で，新制度が創設されましたので，今後はこれを利用することができるかもしれません。

1　現行法の裁定制度

　権利者不明の場合には，文化庁長官の裁定により，ライセンス料相当額を納めてその著作物を利用することができる（著作権法67条以下）。「著作権者の不明その他の理由により相当な努力を払つてもその著作権者と連絡することができない場合として政令で定める場合」（同法67条1項）が裁定制度の利用要件となる。

2　新たな裁定制度等

　令和5年改正では，集中管理がされておらず，利用の可否に係る著作権者等の意思を円滑に確認できる情報が公表されていない著作物等を未管理公表著作物等と称した上で，未管理公表著作物に対する新たな裁定制度を設けた。即ち，著作権者等の意思を確認するための措置を講じたにもかかわらず，それを確認ができない場合には，文化庁長官の裁定を受け，補償金を供託することにより，裁定において定める期間に限り，当該未管理公表著作物等を利用することができることとされ，また，既に民間の権利周知管理団体がある場合，文化庁裁定ではなく民間団体に許諾料を払えば供託は不要とされた。現時点ではその運用の詳細が不明であり，実務上どの程度現行制度より使い勝手が上がるかは未知数なところがあるものの，今後は広告アーカイブ等に関し，権利者不明の著作物がより円滑に利用できるようになる可能性がある。

Q19　画像生成AIと著作権

> 　画像生成AIで作成した画像を広告クリエイティブに利用して良いですか？

A

　使い方次第ですが，現時点では少なくとも生成された画像そのものを広告クリエイティブに利用することや広告クリエイティブ全体を画像生成AIによって生成することはリスクがあるとして慎重に対応すべき場合が多そうです。

1 画像生成AIとは

画像生成AIは，プロンプト（呪文，指示文）を入れると，それを反映した画像を生成するAIである（AIにつき**本書第10章**を参照。）。具体的なプロダクトとしては，Stable DiffusionやMidjourney等が有名である。

画像生成AIを利用し，プロンプトを工夫することで，絵を描けない人でも，自分の想定する画像にかなり近いイラストや写真風の画像を生成することができるようになった。

そこで，広告クリエイティブ作成においても画像生成AIを利用できないかと検討する動きがある。しかし，画像生成AIには様々なリスクがあることから，安易な利用は避けるべきである。以下，そのリスクと，リスクを踏まえた活用方法を簡単に概観しよう。

2 著作権リスク

典型的なリスクが著作権侵害リスクである。例えば，特定のキャラクター名を入力すれば，そのキャラクターそっくりの画像が出てくることが知られている。また，Ｉ２Ｉ（image to image）と言って，例えば有名なイラストレーターの絵を入れてそこから例えば「少し変更した絵を出せ」といえばそのような画像を出力することもできる。

法的には，①学習段階，②（プロンプトとしての）入力段階，③出力段階それぞれにおける著作権侵害性の有無が問われるところ，少なくとも，結果的に，「人間のイラストレーターが同じ絵を描いたら（依拠性がある限り）著作権侵害となる」ような，類似性（本質的特徴直接感得性）があるものに関する限り，少なくとも現時点では著作権侵害になる可能性があるとして保守的に対応した方が良さそうである（なお，AIにおいて依拠性（基礎編Q21参照）の判断が変わるのではないか，という議論があるが，未だに定説は存在しない。）。この点については松尾剛行『ChatGPTと法律実務』（弘文堂，2023）を参照のこと。

なお，このような他社の著作権を侵害しないかという問題に加え，これとは別の問題として，広告クリエイティブを画像生成AIで作成してしまうと，広告クリエイティブに対して自社が権利を得ることができず，その結果として第三者がその広告クリエイティブをそのまま流用しても少なく

とも法的には権利行使できなくなる可能性がある，という問題もある。

3　その他のリスク

　著作権以外にも特定のモデル等に顔等が類似していることによる肖像権・パブリシティ権侵害（基礎編Q41，Q42）のリスク，クレームリスク等（基礎編Q91）がある。

　広告クリエイティブは，クライアントのイメージ向上を目的としている。もちろん，クライアントとしてあえて画像生成AIを利用することで特別の広告効果を得たいという希望があり，そのリスクを理解した上で利用するということはあり得るだろう。もっとも，そうではない場合，いわば従来のイラストの代替等として利用する場合については，当面は謙抑的に考えるべきであろう。

4　最終的な広告クリエイティブに利用しない場合

　なお，上記のリスクは最終的な広告クリエイティブに画像生成AIによって生成された画像を利用することで発現する部分が大きい。例えば，口頭でイメージを伝えるのではなく，具体的なラフを作成して伝えた方がイメージが伝わりやすい（本書Q12参照）ところ，イメージを伝えるラフの作成のため生成AIにどういう絵が欲しいかを入力し，生成された画像のどこを実際のクリエイティブでは変えて欲しいか等を伝えることでコミュニケーションを行う等の，最終的な広告クリエイティブに利用しない範囲における利用方法は考えられる。

【☞基礎編のQも確認】Q21，Q41-42，Q91

Q20 新聞記事の利用

商品紹介のポスターに当該商品を紹介した新聞記事を掲載して良いですか。

A

単に「新聞に掲載されました！」とするだけであれば問題は少ないといえますが，新聞記事そのものをコピーすることは著作権侵害のリスクが高いです。

1 新聞記事と著作権

新聞記事等メディアで取り上げられると，これをポスター等の広告に利用して宣伝したくなるのは人情である。しかし，新聞記事には著作権が発生する。例えば，自社に新聞記者と同社のカメラマンが来訪し，自社や自社商品の写真を撮影した上で，記者が記事を作成し，そこに写真を掲載したという一番シンプルな事例を想定しよう（実際には外部カメラマンが関与する等複雑な場合も多い。）。この場合には，記者の記事とカメラマンの写真は職務著作（著作権法15条，基礎編Q10）として，新聞社に著作権が帰属する。よって，新聞社の許諾がない限り，当該新聞記事（写真も含む。）を複製等することは原則として許されない。また，家庭内での利用等であれば私的使用（同法30条）の例外を利用することができる場合もあるが，広告目的の利用であれば，私的使用の例外を利用することはできない。

2 紹介された旨のみを記載する

これに対し，著作権を侵害しない方法として複製等を行わない（著作権法に定められている支分権に該当する行為を回避する）ということが考えられる。例えば，単に「○月○日付の○○新聞に掲載されました！」とするだけであれば著作権侵害にはならないだろう。

なお，その新聞記事の著作物の本質的特徴を直接感得できないほどまでに要約することによって一定の対応ができる可能性もある。もっとも，どの程度まで要約すれば良いかという問題があり，要約が不十分で未だに著

作物の本質的特徴を直接感得できるならばそれは翻案権（同法27条）侵害となってしまう。

3　その他の利用方法

例えば，オンライン上に新聞記事があり，オンライン上における商品紹介に使いたいのであれば，当該新聞記事にリンクを貼る（クリックすると元の新聞記事を閲覧できるようにする）ことで，適法に新聞記事を読んでもらうことができる。

なお，著作権法上の問題は著作権者から許諾を受けることによって解決することもできる。各新聞社は許諾受付窓口を設けているので正面から許諾を得ることも検討されたい（例えば日経新聞につき，「記事利用のご案内」https://www.nikkei.com/promotion/service/share/）。

【☞基礎編のQも確認】Q21

Q21　著作権の有償譲渡の際の代金額

ポスター制作の依頼があり，ポスターデザインが完成しました。その後，クライアントから弊社の営業担当者へ著作権の有償譲渡の打診がありました。譲渡すること自体に異論はありません。こういった場合の代金額の算定方法には，何かルールや相場はありますか？

A

相場は特にありません。ただ，今後例えば「同じようなポスターの色違いを作ってくれ」という場合に，著作権を譲渡していなければ自社にしか頼めませんが，譲渡済みなら，内製化されたり他社に頼まれてしまうかもしれません。そのような「逸失利益」の観点も入れて検討されてはいかがでしょうか。

1　権利を持っているか

まずは，譲渡にあたり，譲渡対象の著作権等について自社に権利がある

かを確認すべきである。社内のデザイナーが制作したのであれば，職務著作（著作権法15条，**基礎編Q10**）として，自社に権利があるので，著作権の有償譲渡自体はできそうに思われる（なお，著作者人格権は不行使を合意すべきである。**基礎編Q22**も参照。）。

2　譲渡価額に特に「相場」といえるものはないこと

問題は譲渡価額であるが，特に「この計算式で計算することが相場だ」というものはない。もちろん，だからといって極めて高い又は極めて安い価格であれば，税務上の問題や（どちらかというとクライアントの問題であるが）優越的地位にあるクライアントが安く買いたたくと，独禁法上の問題も生じるかもしれない。逆に言えば，その範囲であれば両当事者の交渉により決められることになる。

3　実務上の検討指針

交渉で決めるようにといわれても，何らの指針もなければ途方に暮れてしまう人もいるかもしれない。1つの考え方は，譲渡をすると何が起こるかという観点で考えることである。すなわち，広告会社としては，著作権を持っていることで，今後そのポスターをそのまま利用したり少し改変して利用する派生的キャンペーンは，自社しかできないということで，別途報酬を得ることができる可能性がある。しかし，著作権譲渡済みであれば，クライアントに内製化されたり他社に頼まれてしまうかもしれない。このような「逸失利益」を踏まえて計算することが一つの方法であろう。

【☞基礎編のQも確認】Q10，Q22

コラム とある法務部員の一日

1　ブックマーク

　法務は何らかの答えを出さなければならない。だから，答えが分からなければ，恥ずかしくても誰かに聞いて確認しなければならない。

　上司・先輩・同僚，場合によっては後輩というのが大規模法務における質問先の候補であるが，一人法務であればそれができない。顧問弁護士の先生がその候補になるが，実際には顧問弁護士に聞けないパターンも多いだろう。**基礎編コラム2**で，「相談できる人を持つこと」の重要性を強調しているが，周囲に相談できる人が誰もいない場合もあるだろう。

　そのような場合の最後の選択肢は行政に聞くということである。もちろん，行政にとって法務に対する質問回答は本業ではない。その意味では申し訳ないところがある。また，決して行政に聞いたら全ての問題がたちどころに解消するといった「魔法の杖」ではない。特に「言質」を取られることは嫌がるので，NGとは言っても「セーフ」と積極的には言ってもらえないことが多い。例えば，景表法等について消費者庁に問い合わせてもOKとは言ってくれないので，NGを出す際の説明の説得力を出す「印籠」みたいなものとして消費者庁への確認結果を利用させてもらっている。そのような限界はあるものの，自分にはわからない，他に誰にも聞けない，でも質問が来ていて回答しないといけない，となると，消去法的に言えば行政に聞くほかない。

　片っ端から，各関係法令の所轄省庁の連絡先をブックマークして，どの法律の質問が来ても「最後は聞ける人がいる」という状況を作ることは，実際には行政に聞かない案件も多いとしても，一人法務として安心して仕事をする上で，重要である。

第2章　商標

Q22 商標登録

> 　当社では，自社のサービスの名称を商標登録しようと考えており，ロゴのデザイン案ができましたが，何か注意すべきことはありますか？

A

　類似商標をチェックした上で，登録要件の充足を確認しましょう。加えて，第三者のロゴ（商標登録されているかを問わない）に似ていないかもチェックしましょう。

1　類似商標チェック

　特定の商標を登録しようとするのであればまずは，既に類似商標が登録されていないかを確認すべきである（基礎編Q25）。商標が同一又は類似で，かつ，指定商品・指定役務が同一又は類似であれば「当該商標登録出願の日前の商標登録出願に係る他人の登録商標又はこれに類似する商標であつて，その商標登録に係る指定商品若しくは指定役務（略）又はこれらに類似する商品若しくは役務について使用をするもの」（商標法4条1項11号）として，商標登録を受けることができない。

2　その他の登録要件

　これに加え，例えば「その商品又は役務の普通名称を普通に用いられる方法で表示する」（商標法3条1項1号）ものではないか等，その他商標の登録要件を満たしていない，あるいは商標の不登録事由に該当するのではないかと言った点について確認が必要である。なお，仮にありふれていて識別力がない（その会社のものだとはわからない）ため，要件を満たしていないように思われるものであっても，そのありふれた商標をハウスマークと結

合する（基礎編Q28）等の対応方法はあるため，弁理士等に相談すべきである（本書Q31）。

3　第三者のロゴに類似していないか

　加えて，登録しようとする商標のロゴが，第三者が利用するロゴ（上記2の検討の後であることから，ここでは商標登録されていないものが想定される）と類似・酷似していないかは確認すべきである。確かに，他人のロゴ等に類似していても，ただちに著作権侵害等になるものではない。しかし，自社の登録商標は今後も継続的に利用することが想定されているところ，当該ロゴが他人のロゴに類似している場合の，クレームリスク（基礎編Q91）を踏まえ，少なくともインターネット上に公開されている画像等の範囲で類似しているものがないか，検索すべきである。例えば，Google画像検索について画像をアップロードして検索する，クラウドソーシングサイトで検索する，ロゴ自動作成サイトの作例を参考にする等，「ロゴを作る人」の気持ちになって，「こういうものを参考にしたい」と思うようなものをチェックし，「そっくりなもの」が出てこないかを確認するという方法があるだろう。

【☞基礎編のQも確認】Q25，Q28，Q91-Q93

Q23　商標権のチェックのタイミング

> 　今後も特定のキャッチフレーズの利用を長期的に継続する場合，事前に第三者がそのキャッチフレーズを商標登録していないか確認しておけば大丈夫ですか？

A

　事前にチェックするべきことはもちろん重要ですが，その利用を長期継続する場合には途中で第三者が商標を取得するリスクについても留意が必要です。

1 事前確認

　まず，特定のキャッチフレーズの利用を開始する前に，第三者の商標権を侵害しないか，登録商標の事前確認が必要である（基礎編Q25）。本来はクライアントが商品名等を，広告会社がキャッチフレーズ等について確認することが想定される。それは，商品名は広告キャンペーンと無関係にも利用されるが，キャッチフレーズは広告キャンペーンに関連して利用されることからである。もっとも，クライアントが小規模であって，第三者の登録商標を確認せずに商品名を決定している可能性が高い場合，事実上そのキャンペーンを通じて商品名を知った商標権者からキャンペーンに対するクレームがなされるリスクを踏まえ，広告会社において商品名が第三者の商標権を侵害していないかについても確認せざるを得ないこともあるだろう。その上で第三者の商標権を侵害する可能性がある場合，商品名やキャッチフレーズ等の変更で対応することになるだろう。

2 キャンペーン継続中の管理

　ある程度長く続くキャンペーンの場合，仮にキャンペーン開始時点において第三者の商標権を侵害していなかったとしても，キャンペーン開始後に第三者が商標出願をする可能性がある。もちろん，先に利用していれば，（実際にはその要件充足がそこまで容易ではないものの）先使用権を主張することができる可能性もある（基礎編Q27参照）ものの，トラブルを回避するためには，いわば「泥縄」式に，クレームが来た後で理論構成を考えるのではなく，キャンペーン継続中に定期的にJ-PlatPat等を確認して対応を検討すべきである。

3 出願検討

　例えば，それが重要な商品名なのであれば，現時点で第三者の商標権を侵害していなくても，将来的に第三者からクレームをつけられる可能性そのものを回避すべきである。その観点からは，クライアントには当該商標の出願を検討するよう促すべき（基礎編Q25，Q27）である。なお，キャッチフレーズは常に商標登録できるものではないが，状況によっては商標登録の可能性がある（基礎編Q26参照）。

4 情報提供の際の注意喚起

このように時期によって内容が変わり得る以上，法務としては情報を提供するにあたり，あくまでも現時点での調査結果であり，新たに商標が登録される可能性があるため，定期的にJ-PlatPat等を確認すべきことを注意喚起すべきである。

【☞基礎編のQも確認】Q25-Q27

Q24 既に商標が出願されている!?

> 本書Q22のとおり，当社は自社サービスの名称の商標登録を検討し，そのために第三者の商標を確認しました。その結果，自社サービスと同一の商標が既に出願されていることが判明しました。どうすれば良いでしょうか？

A

まだ登録されていなければ情報提供をすることが考えられます。また，弁理士に検討してもらうと，両方の商標が併存し得るとなる場合もあり，そうであれば，当初の予定どおり，出願することも考えられます。

自社が商標出願をしようとしたものの，第三者が当該商標を既に登録済みであるという場合における対応については**基礎編Q27**で述べたとおりであり公序良俗違反で争うとか先使用権を主張するというものである。**実践編**では，この点は**基礎編**に譲り，第三者が既に出願しているものの，まだ登録されていないという状況を前提に，そのような場合に特有の留意点を説明する。

1 情報提供

まず，情報提供によって商標が登録をされることを防ぐという方法がある。商標登録出願に係る商標が商標の登録要件を満たしていない，あるいは商標の不登録事由に該当する等の情報を匿名でも提供することができる

（商標法施行規則第19条）。「他人の業務に係る商品若しくは役務を表示するものとして需要者の間に広く認識されている商標又はこれに類似する商標であつて，その商品若しくは役務又はこれらに類似する商品若しくは役務について使用をするもの」（商標法4条1項10号）という要件を満たすと審査官が考えれば，登録は拒絶される。例えば，A社として既に自社が広く利用している商標について，B社が同一または類似の商品・サービスについて先んじで出願していることが判明した場合，まさにA社自身が同号の「他人」だとして，A社の業務に係る役務（サービス）を表示するものとして需要者の間に広く認識されていることを示す刊行物等の資料を大量に提供することが考えられる。

2 出願

なお，商標制度も先願主義を採用しており（商標法8条），基本的には後者は商標登録を受けることはできない。しかし，例えば，商品・役務が類似しないとか，2つの商標について素人目には類似するように見えても，審査実務上は類似とは判断されない可能性があると言った場合がある。そうであれば，2つの商標は併存するので，先に第三者によって出願されていても，自社でも商標を出願すれば良いことになる。このような点については専門の弁理士に相談すべきである（本書Q31参照）。

なお，他人の商標を先取りするような形で，出願手数料を支払わずに商標出願を乱発している会社があるとして，特許庁が注意喚起をしている（https://www.jpo.go.jp/faq/yokuaru/trademark/tanin_shutsugan.html及びhttps://www.jpo.go.jp/faq/yokuaru/trademark/tanin_shutsugan_180608.html）。もし，そのような会社が先に商標出願をしてしまっても，実務上出願の妨げにならない。

【☞基礎編のQも確認】Q27

Q25 商標的使用

> 書店の販促のため，Ａというベストセラー書籍のタイトルを使って「Ａ関連書籍コーナー」を作っても大丈夫ですか？　なお，出版社がＡという登録商標を有しているとします。

A

　商標的使用ではない，と言える可能性はありますが，クレームリスク等を踏まえて判断しましょう。

1　商標的使用

　Ａというタイトルの長さにもよるが「広告法律相談」程度であれば，著作権の保護の対象とならない可能性が高い。しかし，例えばこの程度の長さであっても登録商標であれば商標権侵害の可能性がある。

　ここで，登録商標と形式上は同じだったり類似している文言であって，かつ，商品や役務の類似性も肯定される場合であっても，その使い方が出所を表示するような使い方でなければ，商標の本来の機能は果たされていないことになり，商標権の効力が及ばない（基礎編Q30）。書籍のタイトルについては，そもそも出所ではなく内容を示すものが多い。例えば「実践編　広告法律相談125問」という本書のタイトルを考えてみると，本書の内容が125問の実践的な広告に関する法律相談QA集を掲載する書籍だ，という内容を示していると理解するのが通常で，日本加除出版の書籍といった出所を示しているとはいえないことが多いだろう。そのため，同じ表現を用いても，商標的使用になりにくいという側面がある。

　本件においては確かにＡという登録商標は利用しているものの，その利用態様はあくまでも，そのコーナーにベストセラー『Ａ』に関連する書籍を集めているということを示すだけで，例えば，特定の出版社のものである等という出所を表示する趣旨ではないとして，商標的使用ではない，と言える可能性があるように思われる。

2　クレームリスク

実務上，ある本がベストセラーになると，いわば「雨後の筍」のように，類似書籍が多数出てくることがある。もちろん，出版社や著者によっては，その本が素晴らしいと世の中に認められたということの現れととらえ，特にマイナスにとらえないこともあるが，もしかすると「パクリ」本によって売り上げを奪われた等としてネガティブにとらえているかもしれない。そのような状況で，「A関連書籍コーナー」を作って精力的にそのような「パクリ本」をAとの関連性を強調して販売した場合に，出版社等から抗議を受けるかもしれない。あくまでもこれは一例に過ぎないが，このようなクレームリスク（基礎編Q91）にも留意すべきである。

【☞基礎編のQも確認】Q30，Q91-Q93

Q26 指定商品・指定役務の類似性　その1

> 記念日にちなんだ販促表現をしたいのですが，調べると「○○の日」といった記念日が商標登録されていることがあります。許諾等なく利用しても大丈夫ですか？

A

指定商品・指定役務を確認しましょう。

1　指定商品・指定役務

商標権はあくまでも指定商品・指定役務か，又は，それと類似する商品・役務の範囲でしか及ばない（商標法37条及び基礎編61頁参照）。そこで，何らかの商標が登録されていてもその指定商品・指定役務と全く異なる商品・サービスに利用するのであれば基本的には商標権侵害にはならない。

よって，その「○○の日」という商標の指定商品・指定役務を確認し，今回問題となる商品・サービスとの類似性の有無を検討すべきである。

2　商標的使用

一般には，その使い方が出所を表示するような使い方でなければ，商

標の本来の機能は果たされていないことになり，商標権の効力が及ばない（基礎編Q30）。

　仮に上記1の指定商品・指定役務の観点からは商標権侵害を否定できない場合であっても商標的使用という観点から，商標権侵害を否定することができる可能性がある。すなわち，具体的なキャンペーンの態様にもよるが，あくまでも，「○○の日なので，それにちなんだことをしましょう」という意味であって，特にその商標権者と関係する等の出所を表示していないとも言い得る。

　ただし，指定商品・指定役務が同一又は類似の場合には，まさに同業他社である商標権者が同一か類似する商品・サービスについて「○○の日」というキャンペーンを行っている可能性がある。もしそうであれば，商標的使用だと判断される可能性も否定できず，また，クレームリスク（基礎編Q91）も考慮せざるを得ないだろう。

【☞基礎編のQも確認】Q30，Q91

Q27 指定商品・指定役務の類似性　その2

　使いたい表現が商標登録されています。本書Q26のアドバイスに従い，指定商品・指定役務の類似性を検討しようと思いますが，指定商品・指定役務の類似性をどのように判断すれば良いのですか？

A

　法務担当者としては，J-PlatPatの商標検索機能と商品・役務名検索を利用して検討し，怪しい場合には保守的に対応するか弁理士等に相談しましょう。

　本書Q26で述べたとおり，指定商品・指定役務の類似性がなければ，登録商標と全く同じ表現を利用しても商標権を侵害しない。類似性の有無を判断する上では，実務上，J-PlatPatの2つの機能が重要である。

まずは商標検索機能であり，使いたい表現が商標登録されているかをまず検索し，仮に登録されているのであれば，当該商標に関する登録情報等を確認し，指定商品・指定役務が何かを把握することになる。もし，問題となる商品・サービスが，当該登録商標の指定商品・指定役務とされている場合（商品・役務が同一である場合），類似性を検討するまでもなく，（商標的使用ではない等の他のロジックを利用できない限り）商標権侵害になるので，この表現を使うことを回避するべきとなる。

　次が商品・役務名検索である。例えばJ-PlatPat上で例示されている「コーヒー」で検索すると，2023年9月時点では574件が表示される。ここで注目すべきは右の「類似群コード」である。例えば，当該時点で一番上に出てきた「コーヒーのエキスを含むクレンジングクリーム」の類似群コードは04C01である。この類似群コードが一致していれば類似商品・類似役務となる（「「商品及び役務の区分」に基づく類似商品・役務審査基準〔国際分類第12－2023版対応〕」（https://www.jpo.go.jp/system/laws/rule/guideline/trademark/ruiji_kijun/document/ruiji_kijun12-2023/ruiji_kijun12-2023-all.pdf）1－9頁以下参照）。もっとも，これはあくまでも特許庁の審査の便宜として類似商品・類似役務かどうかを推定しているだけであり，確実に裁判でもその通りの判断がされるというものではないことには留意が必要である（『新商標教室』169頁）。

　実務上は，まずは法務担当者としてこの2つの機能を利用して検討した上で，それだけではクリアにならない場合には保守的に対応するか弁理士等に相談することになるだろう。

【☞基礎編のQも確認】Q27, Q30

Q28 普通名詞化された登録商標

> 広告キャンペーンで使いたい表現が，既に第三者によって商標登録されていました。しかし，その表現が既に普通名詞化していれば，登録商標であっても利用可能ですよね？

A

　普通名詞化したこと自体が間違いなければ商標法の観点からは適法と思われますが，クレームリスクに留意しましょう。

1　普通名詞化

　商標法上，その識別力が重要であって，当該指定商品若しくは指定役務又はこれらに類似する商品若しくは役務について慣用されている商標（商標法26条1項4号）等であればその効力は及ばない。

　そして，特定の登録商標について，当該商品や役務を示す普通名詞として一般に利用されるようになり，出所，つまりその商標権者である会社のものだという識別機能を失ってしまうという普通名詞化（基礎編Q33）は，商標が識別力を失う典型的な場面である。

　よって，もしその表現が既に普通名詞化して，ある商品やサービスを呼ぶ際の「代名詞」となり，誰もそれがどの会社のものか意識しなくなっているのだとすれば，その表現を用いても商標法の観点からは適法と思われる。

2　クレームリスク

　とはいえ，商標権者としては，商標権侵害の可能性が低いとして広く第三者が自社の商標が用いられることは，まさに普通名詞化に拍車をかけるものである。もし引き続き当該商標を自社のブランディングに利用し続けたいと考えているのであれば，深く憂慮するだろう。特に，（仮に客観的に既に普通名詞化をしたと評価できる場合であっても，）商標権者としては「普通名詞化の傾向がみられるので，第三者による利用に対して警告等をして普通

名詞化を回避しよう」と思っているフェーズであれば，クレームリスクは高まる（基礎編Q91）。商標権者がHP等で当該商標が登録商標である等と強く主張していないか，過去に他社に対する警告の事例はあるか等を踏まえながら慎重に検討すべきであろう。

【☞基礎編のQも確認】 Q33，Q91-Q93

Q29 流行語

流行語は，流行して既に広く利用された以上，全て普通名詞化していますよね？

A

流行語だからといって普通名詞化しているとまでは言い切れません。

本書Q28のとおり，普通名詞化していれば識別力が失われており，商標権者として権利行使ができなくなる可能性が高いとは言える。

しかし，「流行の有無」と「識別力の有無」というのは異なるものである。実際に，一部の流行語は識別力があるとして商標登録されている。もちろん，特許庁が商標登録を認めても，その判断が誤っているとして，商標異議や無効審判請求をすることは可能である。

とはいえ，少なくとも広告会社の立場として，クライアントに対し「第三者の登録商標で，かつ，指定商品・指定役務もバッチリあてはまっていますが，どうせこれは流行語なので，大丈夫ですよ」とアドバイスすることにはリスクがあり，最低でも弁理士（本書Q31参照）の意見を聞くべきである。

なお，当該流行語をキャッチフレーズ的に使っても，その使い方は出所を示すものではないから商標的使用ではない（基礎編Q30）という主張の余地はあるが，クレームリスク（基礎編Q91）も踏まえて進めるべきだろう。

【☞基礎編のQも確認】 Q30，Q33，Q91-Q93

Q30 ロゴの商標登録

　　クライアントの広告キャンペーンのため，第三者が提供するフォントを利用して（そして当該キャンペーンの範囲ではフォントのライセンス条項を遵守して）ロゴを作成したところ，クライアントがこのロゴを商標登録したいと言ってきました。大丈夫ですよね？

A

　ライセンス違反の可能性を踏まえ，ライセンス契約を確認すべきです。

　商標は，標準文字で出願することもできるが，特定の書体を利用した，いわゆるロゴマークの出願も可能である。ここで，人間がその文字をどのようにロゴ化するかについて頭を捻って作ったロゴについては内容次第ではあるが，いわゆる「書」の著作物と同様に著作権が発生する可能性がある。その場合には当該ロゴのデザイナーが著作権者であり，商標登録を含む利用のためにはその人の許諾を得る必要がある（逆に言えば，その人の許可さえ得られればそれで足りる）ということになる（なお，状況次第では職務著作が成立する可能性もある）。

　ここで，現在においてはロゴ作成のためにコンピュータが利用されることが多いため，例えば有料フォントとして商用販売されているものを利用してラフを作成したところ，クライアントからイメージどおりであるとして喜ばれ，この書体で商標を出願したいと言われることもあり得るだろう。このような商用フォントについても，フォントそのものに著作権が認められることはないとは言えない，つまり，商用フォントを提供する会社等が著作権を有する可能性があるとされている。最高裁は，「それが従来の印刷用書体に比して顕著な特徴を有するといった独創性を備えることが必要であり，かつ，それ自体が美術鑑賞の対象となり得る美的特性を備えていなければならない」として要件を絞っているものの，一定のフォントに著

作権が認められ得ることを肯定している（最判平成12.9.7民集54-7-2481）。

そして，具体的に問題となるフォントがその要件を満たしているかについて個別の判断をする必要を避け，また，著作権以外の権利も侵害がないことを確保するため，実務上はライセンス契約を締結して商用フォントを利用している。

本件においてもライセンスを受けて商用フォントを利用していると思われるところ，ライセンス契約上商標出願を禁止することはよくみられる。そこで，ライセンス違反にならないようライセンス契約を確認し，商標出願が制限されていないかを確認すべきである。

Q 31 弁理士へ依頼する意味

> 商標出願の際の「願書」は極めて簡単なものであり，この程度であれば自社で内製化して対応すればよいように思われます。弁理士等の専門家に報酬を支払って依頼することに意味はありますか？

A

あります。商標戦略に関するアドバイスや，類似商標の調査，指定商品・指定役務に関するアドバイス等，様々な付加価値があります。

1　はじめに

筆者は自ら商標等の出願代理をしておらず，顧問先から商標出願の相談がある特許事務所を紹介しているが，広告に関する法律相談の中で，筆者が「商標を出願すべきです。弁理士の先生は知り合いにいますか，いなければ紹介しますよ。」と説明すると，自社で出願しています，とか，報酬はいくらくらいですか，その報酬は高くないですか等と言われることがある。

確かに，願書の書式自体は比較的簡単であり，知財部がある会社であれ

ば埋めることができるだろう。そこで，商標出願を内製化している会社もあると聞く。社内弁護士・弁理士がいて，外部事務所の弁理士と同様の専門性を発揮しているということであれば，必ずしも外部の弁理士等に依頼しなくてもよいかもしれない。しかし，そうでなければ，なお報酬を支払って専門の弁理士の先生に依頼することには意味があると考える。以下，(仮に法務部や知財部があっても) 社内弁護士・弁理士がいて，外部事務所の弁理士と同様の専門性を発揮しているわけではない会社を前提に，商標出願を弁理士等の専門家に依頼する意味について説明する。

2　商標戦略に関するアドバイス

　まず，商標戦略に関するアドバイスをもらうことができる。商標を利用してどのようにブランディングを行い，ビジネスをより進めやすくするかについては，商標に関する専門的知識が必要である。商標戦略の立案や，正しい商標戦略に基づいて具体的な出願を行っていくためには専門家である弁理士のアドバイスを受けることが望ましい。その際には，知財戦略との整合性を踏まえてその中での商標戦略を立案し，実践することが重要である（なお，依頼者が弁理士に求めるアドバイスの内容によっては，商標出願の報酬だけでは足りず，商標戦略に関するアドバイスに係る報酬が別途必要となるかもしれない。）。

3　類似商標の調査

　次に，類似商標の調査には一定以上の工夫が必要である。もちろん，ある程度のリサーチであればJ-PlatPat等を利用して社内でも実施することはできるだろう。しかし，網羅的な類似商標の調査には高度の専門性が必要である。また，類似商標が存在する場合の対応も重要である。この点は本書Q24や基礎編Q27が参考になるが，類似商標が登録済み又は出願済みであっても，その結果として今登録したい商標は登録できないから出願をあきらめるべきか，それとも，登録できる可能性も高いので出願すべきか等は，まさに弁理士がその専門性に基づきアドバイスしてくれるだろう（なお，依頼者が弁理士に求める調査の内容によっては，商標出願の報酬だけでは足りず，調査に係る報酬が別途必要となるかもしれない。）。

4 指定商品・指定役務に関するアドバイス

　最後に，どのような指定商品・指定役務について出願をするべきかについてもアドバイスを受けることができる。例えば，目の前の案件が特定の商品・役務に関係するとしてその商品・役務で出願をしたところ，その後（類似性のない）別の案件で別の商品・役務について同じ商標を出願しようとしても，当該商品・役務については既に第三者の登録商標が存在しているといった場面も出てくるかもしれない。だからこそ，弁理士は例えば将来的な利用の可能性等に関するヒアリングを行い，どのような指定商品・指定役務とするかについてコストやリスクを踏まえてアドバイスするところ，この様なアドバイスは有用である。

コラム　とある法務部員の一日

2　法務で重要なのは，法律的な正しさではない

　法務担当者がいる企業であれば，顧問弁護士もいることが多いだろう。顧問の先生に気軽に相談ができるのであれば，それは大変良いことである。しかし，顧問の先生に気軽に相談できない状況も，実務上は見られる。

　顧問の先生に相談できない状況には様々なものがあるが，法務の問題意識を顧問の先生が反映してくれない，ということもあるだろう。

　すなわち，弁護士の先生にとって「違法」「適法」というラインが非常に重要で，そこには気を使うところである。しかし，実際には法務担当者として「違法・適法では解決しない」，と思う場合も多い。例えば「違法ではない」といってもそれでクレームがついて問題となれば，営業が怒られ，法務も怒られるわけである。

　だからこそ，法律的な正しさではなく，営業担当者が怒られなくなる/その可能性を減らすことにフォーカスして検討するのが実務的である。例えば，こうするとクレームリスクが減るとか，こうするとクライアントとしてリスクに納得して選択したということになるから問題が起こってもこちらに矛先がむかなくなるとか，そういう実務的にどう対応していくか，という話が法務担当者にとって「聞きたいこと」であり，法務としても顧問の先生からそれを引き出す努力をすべきではあるが，なかなか簡単ではない。

　だからこそ，法務担当者と顧問の先生の役割分担として，まさに我々法務担当者が，営業担当者が怒られないための方法について知恵を絞るべきである。

第3章 優良誤認

<hr>

1 No.1表示

<hr>

Q32 利用者満足度No.1

> サービスの広告について，調査会社に依頼して利用者満足度で1位という調査結果が出れば「利用者満足度No.1」と書いても問題ないですよね？

A

　本当にその調査が利用者満足度について客観的に調査した結果であれば問題ないですが，その点に関する十分な根拠がないと大きな問題となり得ます。

1 No.1表示

　No.1表示については，客観的な調査に基づき調査結果を正確かつ適正に引用すべきとされているところであり，その際は，対象となる商品等の範囲，地理的範囲，調査期間・時点，調査方法，調査の出店等についても当該調査の事実に即して明瞭に表示する必要があるとされている（『景品表示法』80-81頁）。要するに客観的調査に基づき1位だと言える場合において，その調査結果を正確かつ適正引用している限り，必ずしも，No.1と称することが禁止されるわけではない。

2 調査の客観性

　ところが調査の客観性がないとされる場合がある。例えば，本当の自社の利用者及びライバル会社の利用者を対象とした調査を行っていない場合である。2023年1月12日の公表事例（https://www.caa.go.jp/notice/assets/

representation_cms207_230112_01.pdf）においては，オンライン家庭教師事業者のNo.1表示について，アンケート等に回答した人が同種サービスを利用したことがあるか否かを確認することなく調査を実施していたことを重要な理由として，利用者の満足度を客観的な調査方法で調査したものではなかったとされた。これはあくまでも1つの例に過ぎないものの，そもそも調査が客観的に行われていなければ，No.1表示は許容されない。筆者は複数のウェブアンケートサービスを利用したことがあるが，いわば「ポイント目当て」で，実際には同種商品の購入経験や同種サービスの利用経験がないにもかかわらずアンケートに回答する人が存在することから，最初にスクリーニングのための質問を行い，その回答を踏まえて本当に購入・利用経験がある人だけに回答をしてもらう等，調査を客観的に行うためには，相応の工夫が必須である。

3　調査結果を正確に引用していること

　加えて，調査結果を正確に引用しなければならない。典型例としては，AについてNo.1と表示したものの，調査の対象はBであったという場合である。例えば，「人気No.1」として商品・サービス（A）そのものの評判がよい旨を表示したものの，実際には，印象の良いウェブサイト（B）がどれかを選択させるアンケートで最も好評だっただけであれば，これは調査結果の正確かつ適正な引用ではない（『景品表示法』81頁参照）。

【☞基礎編のQも確認】Q54-Q65，Q68

ⓠ㉝　QRコードによる説明

　紙に「No.1」と記載して，その横にQRコードを付してQRコードから飛んだリンク先でその詳細を説明することはできますか？

Ⓐ

　難しいでしょう。

本書Q32のとおり，No.1表示を行う場合，仮に客観的調査に基づくものであっても，調査結果を正確かつ適正に引用すべきである。ここで，紙幅の関係で調査結果の引用を別の箇所で行いたいという実務上のニーズがあること自体は承知している。

　しかし，そもそも，オンライン上のリンク一般については「消費者向け電子商取引における表示についての景品表示法上の問題点と留意事項」（https://www.caa.go.jp/policies/policy/representation/fair_labeling/guideline/pdf/100121premiums_38.pdf）において，（No.1表示に限らない文脈で）消費者がクリックする必要性を認識させ，文字の大きさ，配色などに配慮し，明瞭に表示し，リンクを関連情報の近くに配置すべきとしているところである（本書Q68も参照）。

　このようなオンライン上の表示とリンクに関する議論の前提は「オンライン上のリンクはワンクリックでリンク先に到達可能であって，消費者にとってリンク先を読むことが非常に簡単である」という状況である。つまり，消費者としてリンクをクリックしなければ正確な表示を理解できないとしても，上記のような措置が講じられていれば，リンクをクリックして正確な表示を理解することができるだろう，という状況が前提となる。

　これに対し，QRコードは，もちろんURLが文字で記載されている場合と比較して相対的に当該URLにアクセスしやすくなるということは一応できるものの，あくまでも文字でURLを記載した場合との比較であり，全ての人がスマホを持っているわけではなく，また，スマホがあっても，QRコードスキャナーを起動してスキャンして表示されるURLをクリックするという手間を嫌がる人も多いと思われる。

　本書Q32でも述べたとおり，No.1表示の際には単に調査結果を正確かつ適正に引用するだけではなく「明瞭に表示」（『景品表示法』80-81頁）することが求められている。

　上記のとおりQRコードが存在しても当該URLのウェブサイトを閲覧することに一定以上のハードルがあるということを踏まえれば，少なくともこの「明瞭に表示」という観点でいうと，QRコードを付せばただちに満たされるというものではなく，そもそも紙に明瞭に表示をした上で，その

前提の補足情報をQRコードで表示するという程度の使い方にならざるを得ないだろう。

なお，QRコードはデンソーの登録商標ではあるが，ここでは商標的使用（本書Q25以下参照）ではないので，この表現を用いている。商標的使用の可能性がある場合には，許可を得るか「二次元コード」という表現を用いることが考えられる。

2　表現とその根拠（不実証広告等）

Q34 内定獲得率95.8%

> 　求職者支援サービスにおいて，最大瞬間風速で確かに95.8%の人が内定を取ったので，「内定獲得率95.8%」と書いても問題ないですよね？

A

問題があります。

　広告に表示すべきはあくまでも客観的に実証された数字である。だからこそ，通常と異なるいわば最大瞬間風速の数字を利用することは認められない。

　例えば，就職斡旋サービスに関するある公表事例（https://www.caa.go.jp/notice/assets/representation_cms207_220427_01.pdf）においては，通常は内定率がそこまで高くなかったにもかかわらず，最大瞬間風速的な特定の一時点における最も高い数値が95.8%であるとして自社サービスを利用すると内定率が95.8%である旨を示したことが問題となった。このような表示をすれば，消費者（求職者）は，そのサービスを利用することで，95.8%の確率で内定が獲得できる，と考えることは十分あり得るだろう。しかし，それはいわば最大瞬間風速的な数字であって，通常の数字とは異なるもので

あった。だからこそ，このような表示は著しく優良と誤認させる表示として措置命令の対象となった（なお，本書Q88も参照のこと。）。

【☞基礎編のQも確認】Q62-Q65

Q35 「100％」という表現

> 広く販売されるアパレルの販促コピーとして「着心地が良かったと答えた方なんと100％！　※15名の個人の感想です」という表現は可能ですか？

A

一応打消し表示はなされていますが，十分に打消し効果があるか疑問です。

1　不実証広告

基礎編Q65で述べたとおり，優良誤認の判断のために必要な場合，事業者は合理的根拠を示すよう求められ，合理的根拠を示す資料を提出できなければ景表法違反とみなされる（景表法7条2項）。

そして，不実証広告規制に関する指針第3・2⑴エは，「一部の商品・サービスの効果，性能に関する表示には，消費者の体験談やモニターの意見等を表示の裏付けとなる根拠にしているとみられるものもあるが，これら消費者の体験談やモニターの意見等の実例を収集した調査結果を表示の裏付けとなる根拠として提出する場合には，無作為抽出法で相当数のサンプルを選定し，作為が生じないように考慮して行うなど，統計的に客観性が十分に確保されている必要がある。」とする。本問に関連する記述として，「広い地域で販売する商品につき，一部の地域において少数のモニターを選定して行った統計調査は，サンプル数が十分でなく，統計的に客観性が確保されたものとはいえず，客観的に実証されたものとは認められない。」ともしている。

本件において，もし広い範囲で多数販売されるアパレルが問題となって

いることを前提とすると，15人という少数のモニターであれば，サンプル数が不十分であって統計的客観性は実証されていないとされる可能性が高いだろう。

2　打消し表示

ここで，あくまでも少数の個人の感想である旨が明記されている。これは打消し表示とならないか。

品質等の内容や取引条件を強調する強調表示がある場合に，それを打ち消し，例外が含まれること等をわかりやすく表示することで，強調表示が一般消費者に誤認され，不当表示にならないようにすることが打消し表示である（**基礎編Q69**）。

本件でも，確かに100％の人が着心地が良いと感じる，という強調表示部分は上記のとおり，実証ができない。その結果として，一般消費者が著しく優良と誤認し得る表示となり得る。しかし，打消し表示（**基礎編Q65**）によって，一般消費者に対して，社会一般に許容される誇張の程度を超えて，商品・サービスの内容が，実際のもの等よりも著しく優良であると示す表示ではなくなるのであれば，不実証広告にならない可能性自体はあるだろう。

もっとも，「感想」等と注記するだけでただちに優良誤認を回避できるものではない。「打消し表示に関する表示方法及び表示内容に関する留意点（実態調査報告書のまとめ）」（https://www.caa.go.jp/policies/policy/representation/fair_labeling/pdf/fair_labeling_180607_0004.pdf）は，「強調表示の訴求している内容が商品・サービスの実際を反映していることが原則であり，打消し表示は，強調表示だけでは一般消費者が認識できない例外条件，制約条件等がある場合に例外的に使用されるべきものである。したがって，強調表示と打消し表示とが矛盾するような場合は，一般消費者に誤認され，景品表示法上問題となるおそれがある。」とする。要するに，強調表示そのものが商品の実態（例えば着心地が良いか）を反映していることを前提に，当該強調表示に何か例外条件や制約条件があるという場合ならば打消し表示の利用は可能であるが，そもそも強調表示そのものが実態を反映していない（根拠のない，実証されない）ものであれば，いくら「個人の感想」等という

打消し表示を付記したとしても，優良誤認であることを回避出来ないように思われる。

　そこでやはり，客観的な実証を可能とする調査をした上で着心地が良いとの訴求を行うべきであり，それができなければ少なくとも「着心地が良かったと答えた人が100％」というような表示は回避すべきである。「個人の感想」という注記で効能・効果等に関する優良誤認を回避できるというような簡単な話ではないのである。

【☛基礎編のＱも確認】Q65，Q69

Ｑ36 風が吹けば桶屋が儲かる

> 　発熱下着の広告のため，「冬本番！発熱下着で家計を応援」というコピーを利用することはできますか。要するに，発熱下着の利用によって体が暖かくなるため，暖房の設定温度を下げることができ，光熱費が下がるから家計が助かるということですが，このようないわば「風が吹けば桶屋が儲かる」というような訴求は可能でしょうか？

Ａ

　発熱下着の利用により，体調不良等のリスクなく設定温度を下げられることを証拠を持って実証できるかがポイントとなります。

　電気代の節約ができる等の何らかの優良な効果を謳う場合，商品にそのような効果があることを合理的根拠を証拠を持って実証できる必要があることは，本書Q35で述べたとおりである（基礎編Q65も参照）。

　ここで，優良な効果発現の根拠が１段階の論理で示すことができる場合は少なくないだろう（例えば，「この下着は発熱素材なので暖かい」という訴求は「発熱素材の利用」→（その発熱下着を着た人が）「暖かい」と感じるという１段階の論理となる）。もっとも，必ずしも，一段階の論理でなければただちに優良誤

認となるものではないだろう。とはいえ，複数段階の論理過程を経るので
あれば，全ての論理過程（発熱効果→設定温度引き下げ→電気代節約）をそれぞ
れ証拠を持って実証できる必要があるだろう。

　本件では，例えば設定温度が恒常的に実質的な幅を持って引き下げられ
れば，電気代節約につながるという後段の論理の部分は通り得るように思
われる。しかし下着が多少暖かくなるというだけで，そのようなレベルの
設定温度引き下げを恒常的に行うことができるのか，という点は疑問が残
る。例えば，それによって，風邪等の体調不良を招きやすくなるというこ
とであれば，発熱効果から（安全な）設定温度引き下げが可能とは言えず，
前段の論理が実証されたとは言い難いだろう。

　このような状況を踏まえると，本件では単にその発熱下着を着るだけで
体調悪化等のリスクなく設定温度を下げられることを証拠を持って実証で
きるかがポイントとなり，もし，そのような実証まではできないとすれば，
このような訴求方法の採用は難しいということになるだろう。

【☞基礎編のQも確認】Q65

Q37　占い等

> 　占いや風水等に基づく商品の訴求は可能でしょうか？
> 例えば，「金色の財布を身につけて金運アップ！」や，財布
> メーカーとコラボしている有名な占い師のイラストから吹
> き出しをつけて「この財布を身につけることでお金に関す
> る幸運が舞い込む可能性が10倍になります」等です。

A

　単なる「金運アップ」程度の表現であればまだあり得ますが，
具体性が増せば増すほど不実証広告の可能性が高まります。

1　占い等と合理的根拠

　何らかの優良な効果を謳う場合，商品にそのような効果があることを合

理的根拠を証拠を持って実証できる必要があることは，**本書Q35で述べた**とおりであり，消費者庁から根拠提出を求められたらすぐにこれを提出できるようにしなければならない（基礎編Q65も参照）。そして，金運を含む，占いや風水等については，仮にコラボしている占い師が，その財布を身につけることでお金に関する幸運が舞い込む可能性が10倍になると述べているとしても，客観的に実証されたものではない以上，それは合理的根拠ではない。このように，占いや風水に基づくものであれば，少なくとも景表法の観点からは合理的根拠があると言えない場合が多い。

2　著しく優良との認識を与えるものか

　ここで，不実証広告規制に関する指針第2・2(2)は，「商品・サービスの効果，性能に関する表示であって，神秘的内容（「開運」，「金運」等），主観的内容（「気分爽快」等），抽象的内容（「健康になる」等）に関する表示であっても，当該表示が一般消費者にとって，当該商品・サービス選択に際しての重要な判断基準となっていると考えられ，さらに，これらの表示内容に加えて具体的かつ著しい便益が主張されている（暗示されている場合も含む。）など，当該商品・サービスの内容について，一般消費者に対し実際のものよりも著しく優良との認識を与えるようなものであれば，景品表示法第5条第1号に該当するおそれがあり，そのような場合には，景品表示法第7条第2項に基づき表示の裏付けとなる合理的な根拠を示す資料の提出を求める対象となり得る。他方，上記のような内容の表示のみであって，通常，当該表示から，直ちに，表示された効果，性能について，一般消費者が著しい優良性を認識しないと考えられるものは，景品表示法第5条第1号に該当するおそれはないと考えられるため，景品表示法第7条第2項に基づき表示の裏付けとなる合理的な根拠を示す資料の提出を求める対象とはならない。」とする。

　つまり，単に「金運」「開運」等と書いているだけで，「通常，当該表示から，直ちに，表示された効果，性能について，一般消費者が著しい優良性を認識しないと考えられる」ようなものであれば，合理的根拠を示す資料の提出は求められず，優良誤認とされる可能性は低い。しかし，それ以外の，例えば強調表示や具体的便益の表示や暗示等から，「当該表示が一

一般消費者にとって，当該商品・サービス選択に際しての重要な判断基準となっていると考えられ，さらに，これらの表示内容に加えて具体的かつ著しい便益が主張されている（暗示されている場合も含む。）など，当該商品・サービスの内容について，一般消費者に対し実際のものよりも著しく優良との認識を与えるようなもの」であれば，合理的根拠を示すことが求められてしまう（そして，いざ根拠を求められた場合に，その根拠が合理的と認められないことは上記1のとおりである。）。

3　本問へのあてはめ

表示に関する状況を総合して考慮することになるが，単に金運アップ，というだけであれば合理的根拠を示す資料の提出を求められない可能性が高そうである。しかし，お金に関する幸運が舞い込むというのは一般消費者として宝くじに当選する等の具体的な便益を想起すると思われるところ，それが10倍という著しいものであれば，具体的かつ著しい便益が暗示されていると評価され得るように思われる。よって，そのような訴求は回避すべきである。

【☞基礎編のQも確認】Q65，Q68

Q38 「負けない」

　フィットネスジムで「免疫力アップでウイルスに負けない！」という広告を出して良いですか？

A

　負けたくないという願望の表明という解釈もあり得ますが，そのように解釈できない可能性を踏まえて保守的に考えれば，単に運動が健康に良いという程度の話である限り，優良誤認の可能性があると思われます。

　何らかの優良な効果を謳う場合，商品にそのような効果があることを合理的根拠を証拠を持って実証できる必要があることは，本書Q35で述べた

第3章

優良誤認

とおりである（基礎編Q65も参照）。ここにおける免疫力の意味が必ずしも明確ではないものの，ウイルスに負けないという記載と合わせて読めば，コロナ等の病気にかからなくなる程度の疾病の治療又は予防の効果を表示していると解されてもおかしくないところである。もちろん，これに対しては「負けない！」というのは感染症に罹患しないという意味ではなく，単に負けたくないという願望を表明するに過ぎない，という解釈もあり得るところである。そこで，紛争解決法務（基礎編240頁以下）であれば，このような解釈を主張することも考えられる。しかし，予防法務（基礎編12頁以下）であれば，後述の先例等も参考にしながら保守的に対応することも十分に考えられる。もしそのような保守的な対応をするのであれば，その程度までの効果があることについて当該表示の裏付けとなる合理的な根拠を提示することができるかが問題となるところ，単に運動が健康に良いという程度の話であれば，合理的根拠まではないと言わざるを得ないので，そのような訴求は回避すべきということになるだろう。

　なお，具体的事情にもよるところであるが，健康食品について，「食事と一緒に摂って，しっかり免疫力アップ」，「免疫力アップでウイルスに負けない！」等と表示したことについて，表示全体を踏まえれば，これは商品を摂取するだけで，免疫力が高まり，疾病の治療又は予防の効果が得られるかのように示す表示をしていたと認定し，合理的根拠がないとして不実証広告としたものがある（https://www.caa.go.jp/notice/assets/representation_cms215_210309_01.pdf）。

【☛基礎編のQも確認】Q62-Q65

3　その他

Q39 鴨南蛮に合鴨肉を利用

鴨南蛮について合鴨肉を使っても良いですか？

A

マガモの肉である等の旨を強調しなければ問題ありません。

　消費者庁「メニュー・料理等の食品表示に係る景品表示法上の考え方について」(https://www.caa.go.jp/policies/policy/representation/fair_labeling/guideline/pdf/140328premiums_5.pdf) によれば，①その料理や食材に関する社会常識や，用語等の一般的意味，社会的に定着していると認められる食品表示法等を含めた他法令等における定義・基準・規格などを考慮し，表示された特定の食材(a)と実際に使用されている食材(b)とが異なるといえる場合において，②その料理の性質，その料理や食材に関する一般消費者の知識水準，その料理や食材の取引の実態，メニュー等における表示の方法，表示の対象となる内容などを考慮し，表示された特定の食材(a)と実際に使用されている食材(b)が異なることを一般消費者が知っていたら，その料理に惹きつけられることは通常ないであろうと認められる程度に達する誇大表示といえるときには，優良誤認表示に該当するとされている。

　そして，上記消費者庁「メニュー・料理等の食品表示に係る景品表示法上の考え方について」Q-7では，一般消費者が，その料理等の選択において，それらの食材の違いに通常影響されないと認められる場合には，その料理の名称を単に表示するだけで直ちに景品表示法上問題とならないとした上で，仮にマガモの肉ではなく合鴨肉を利用していても，料理の名称として，単に「鴨南蛮」と表示するだけで，直ちに景品表示法上問題となるものではないとする。これは，仮に①のレベルで鴨（マガモ，(a)）と合鴨(b)が違っているとしても，少なくとも②のレベルにおいて鴨（マガモ，

第3章　優良誤認

（a)）と合鴨(b)が異なることによって一般の消費者の料理等の選択が影響
されないから問題がないという趣旨のものと理解される。

　但し，上記消費者庁「メニュー・料理等の食品表示に係る景品表示法上
の考え方について」では，「マガモ（肉）を使った」，「希少な鴨肉を使用」，
「高級鴨肉を使用」などと使用している材料を強調した表示をしているに
もかかわらず，これらが実際とは異なる場合には，景品表示法上問題とな
るともしており，留意が必要である。

【☞基礎編のQも確認】Q62，Q113

Q40 擬音語・擬態語

> 　クライアントのサプリが目に良いと伝えたいところ，ダ
> イレクトに目に良いと書くことにはリスクがあるので，「ボ
> ンヤリ・にごった感じに‼」，「ようやく出会えたクリアで
> スッキリ‼」等と擬音語・擬態語を使った間接的な表現で書
> いておけば大丈夫ですか？

A

　具体的状況次第で擬音語・擬態語等でも景表法等の違反にな
り得ます。

　擬音語・擬態語を利用するような婉曲的な表現であれば，例えば優良誤
認である等の本来違法な訴求内容であっても，法令の規制を回避すること
ができる，という誤解が一部に見られる。しかし，これは単なる誤解に過
ぎない。すなわち，景表法における表示は一般消費者の観点から解釈され
る（基礎編Q58）以上，仮に擬音語・擬態語を利用していても，それを一般
消費者の観点から解釈すると特定の内容を表示していると言える限り，当
該表示が例えば著しく優良と誤認させる表示なのであれば，景表法の規制
対象となるのはむしろ当然のことである。

　上記のような状況において，「本件商品を摂取することにより，ボンヤ

リ・にごった感じの目の症状を改善する効果が得られるかのように示す表示をしていた。」と認定し，不実証表示として優良誤認とみなした事例が存在する（https://www.caa.go.jp/notice/assets/representation_cms215_210203_01.pdf）。これは，擬音語・擬態語を使えば大丈夫と言った安易な考えを強く戒めるものと言えよう。

【☛基礎編のQも確認】Q58，Q62

Q41 目安

> 有効成分が高価なので，含有量として，「300mg（目安）」として，「目安」である旨を明記した上で，実際には150mgだけ有効成分を入れ，残りの150mgは安い成分にしようと思います。あくまでも「目安」だと明記しているのだから，問題ないですよね？

A

問題があります。

優良誤認においては，一般消費者がその表示を著しく優良と誤認するかが問題となる。少なくとも，（目安という表現をすることなく）高価な有効成分が300mg入っているとダイレクトに表示し，実際にはその半分しか入っていなければ優良誤認になり得るだろう。問題は，「目安」という表現が用いられていることで，優良誤認を回避することができるかである。

当然のことながら，「目安」という表現は決して免罪符ではなく，当該表示全体から，一般消費者が「高価な有効成分が300mg入っている」と考えるようなものであれば（基礎編Q58参照），そのような表示がなされたにもかかわらず現実の有効成分の含有量が300mgを下回るものが含まれれば，優良誤認となる可能性がある。

実際に，「主成分値2カプセルあたり目安：ラクトフェリン濃縮物300mg」（強調筆者）と表示することにつき，具体的な状況の下で，「目

安」という記載はあるものの，商品2カプセル（500mg）当たりのラクト
フェリンの含有量は，300mgであるかのように示す表示をしていたと認定
され，商品には，2カプセル（500mg）当たりのラクトフェリンの含有量
が300mgを下回るものが含まれていたことから優良誤認とされた事例があ
る（https://www.caa.go.jp/notice/assets/representation_220524_01.pdf）。

【☞基礎編のQも確認】Q58，Q62

Q42 商品名が未確定の段階でチラシを作る場合

> 　商品名が未確定の段階でチラシを作る必要があるのです
> が，その結果として，チラシの商品名が実際に売られてい
> る商品の商品名と異なってしまった場合，これは問題があ
> りますか？

A

状況によっては優良誤認等の問題があります。

　この状況は，別に顧客を騙そうとして商品名を偽るというよりは，商品
名が「仮」の段階でチラシは作るものの，実際にはそれはあくまでも
「仮」なので，一定範囲で実際の商品とは異なる可能性が出てくるという
ものと理解される。

　そのような前提であっても，例えば「国産天然うなぎ蒲焼一尾2,980
円」とチラシに書いていたところ，実際の商品が「外国産養殖うなぎ
2,980円」であれば，これは外国産のうなぎを国産と偽り，養殖うなぎを
天然と偽る優良誤認になり得るだろう。

　基本的にはそのような状況を避けるため，チラシは（仮の段階で作成を開
始せざるを得ないとしても）商品名が確定した段階で内容を確定させるべきで
ある。

　なお，商品名の最後に（仮）をつけるという方法もあるが，それも程度
問題で，例えば『ChatGPTの法律実務（仮）』という書名が実際には

『ChatGPTと法律実務』になったという程度であれば問題はないと思われる（弘文堂から2023年に公刊した拙著に関する実話）が，「国産天然うなぎ蒲焼一尾（仮）2,980円」と書いていれば，実際の商品が「外国産養殖うなぎ2,980円」でも問題がないということにはならないように思われる。

【☞基礎編のQも確認】Q62

Q43　「超軽量」

　軽量であることをウリにしているノートパソコンの販促用の店内POPにおいて，実際の重量さえ記載すれば，「超軽量」というコピーを付けても問題ないですよね？

A

　「超」軽量というのが一般的なノートパソコンと比較して単に軽いだけではなく「著しく」軽いという意味と理解されますので，単に重量を記載すれば良いとは言えないと思われます。

　具体的な状況にもよるが，特に強調語がない，単なる「軽量」だけであれば，それが通常のものより軽いといえる限り，実際のものよりも「著しく」優良であるとまで言えないことも多いだろう。

　しかし，「超」という強調表示を行う以上は，例えば，一般的なノートパソコンと比較して軽いだけではなく，例えば，軽量ノートパソコンの中でも特に軽いと言えるのか等，なぜ「超」と言えるのかを客観的な根拠に基づき説明できることが必要である。

　ここで，重量を記載するだけで，その重量に基づき消費者として判断できるから，問題がなくなるという考えも全くないわけではないかもしれない。しかし，この考えには疑問が残る。つまり，一般の消費者として「普通のノートパソコンはこの程度の重さだから，確かにこの重さなら『超軽量』だな」という判断が容易にできるものではない以上，例え重量を記載していてもそれだけで直ちに優良誤認を回避できるものではないだろう。

【☞基礎編のQも確認】Q58，Q62

Q44 意味がない部分の比較

> かわり映えのしない新製品ですが，色味を少し変えてみ
> ました。その結果，アンケート調査で旧製品より好感度が
> 30％上がったことから，「旧製品よりも好感度30％アッ
> プ！」という訴求をしたいのですが問題ありませんか？

A

　これは一種の比較広告であるところ，色味が実際にはあまり
意味がない部分なのであれば，比較項目の選択に問題ありとさ
れるかもしれません。

1　比較広告の留意点

　景表法は比較広告そのものを禁止しているわけではない。しかし，不適
切な比較方法で消費者に誤解を招かないよう，主張内容が客観的に実証さ
れていること，数値を正確に引用すること，及び，比較の方法が公正であ
ることが求められる（比較広告2(2)。**基礎編Q68**，消費者庁「表示に関するQ&A」
25，https://www.caa.go.jp/policies/policy/representation/fair_labeling/faq/
representation/#q25)。

2　比較項目

　ここで想定されるのは，新旧の色味を比較する訴求であるところ，確か
に，どの事項について比較するかは，ある意味では事業者の裁量の範囲内
の事項である。しかしながら，商品等の全体の機能，効用等にあまり影響
がない事項を比較した結果をもとに，あたかも商品等の全体の機能，効用
等が優良であるかのように強調するような場合には，不当表示となるおそ
れがある（比較広告5．(1)，『景品表示法』88頁参照)。その観点からすると，ま
さに本件において，商品等の機能・効能等に影響が少ない色味だけを強調
して「旧製品よりも好感度30％アップ！」という訴求をすることで，あた

かも商品全体の機能・効能等が優秀で，30％も好感度が上がったのではないかと誤解されるように強調する訴求を行うならば，不当表示になる可能性がある。

3　その他

その他，新製品と旧製品の比較広告を行う場合には，自社の旧製品との比較であることを明示するとともに，その内容が客観的に実証されていること，実証されている数値や事実を正確に引用していること，かつ，比較の方法が公正であることをすべて満たし，適正に比較をする必要がある（比較広告2(2)，本書Q32参照）。また，本当は新製品には長所と短所があって，総合的には旧製品より優良とは言えないのに，新製品の長所だけを旧製品と比較し，短所は隠すことで，総合的に旧製品より優良であるかのように誤認させることもまた不当表示の恐れがある（『景品表示法』88頁）。

なお，新製品と言える時期はいつまでか（つまり，仮に意味がある部分において旧製品と比べて優良といっても，旧製品が誰も使っていないほど昔のものであれば，そのようなものを比較すべきではないのではないか。）については，本書Q45を参照のこと。

【☞基礎編のQも確認】Q68

Q45　「新発売」

> ある商品を新しく発売した後，売れ行きが鈍ってきたので，リニューアル製品だと称してパッケージだけ変更します。再度「新発売」というPOPをつけて売り出して良いですか？　その場合，1年経過後もPOPを表示し続けても大丈夫ですか？

ダメです。

1 パッケージのみの変更

景表法上，パッケージ（だけ）を変更してはいけないという規制は存在しない。しかし，パッケージ変更の際に，それが新製品であって，従来のものと異なり優良だ，という趣旨の訴求をすることは優良誤認の問題となり得る。当該商品のパッケージのデザインを変更しただけで，内容物に変更がなされていないにもかかわらず，単に新発売，新作と表示している場合については，表示と事実が異なり不当表示となり得るとされている（『景品表示法』84頁）。本件でも「リニューアルをして良くなった製品が発売される」という趣旨の表示をしているにもかかわらず，実際には製品の中身が元のものと同じだということであれば，優良誤認となり得るだろう。

2 新発売

また，既に発売から相当期間が経過し，社会通念上「新発売」ではない時期になったにもかかわらず引き続き「新発売」とのPOPを表示し続けることも，表示と事実が異なり不当表示となり得る。問題はどの程度の期間まで「新発売」との訴求を行うことができるかであるが，商品サイクル等がそれぞれの製品で異なることから，通常どの程度のサイクルで入れ替わる製品かにもよるだろう。とはいえ多くの製品において1年経過後も引き続きそれが「新製品」だとは考えられていないと思われる。そこで，1年経過後も新発売と称し続けることは期間が長すぎると思われる（『景品表示法』84頁参照）。（なお，本問ではそもそも期間の問題以前に「新商品」と称すること自体に問題があることは上記1のとおりである。）

Q46 通常どおりの対応の訴求

　健康食品について，製薬会社が販売するので「安全安心」と訴求して良いですか？

A

　通常の健康食品と同じように作られたものを，単に販売業者が製薬会社だというだけの理由で「安全安心」と強調するのであれば問題があります。

1　通常どおりのことをやっているに過ぎないのに，その旨を強調することが問題であること

　他の事業者と比較して優良であるとアピールすること自体は実務上良く見られる。それは，消費者として，より良い商品サービスを選択したいと考えるからであり，競合商品または競合役務との比較による優良性は消費者にとっての選択上の重要要素である（『景品表示法』85-86頁）。

　そのような中，実際には自社も他社も同じ対応を行っているのにもかかわらず，そのようないわば「当たり前」の対応について，あたかも自社のみが特殊で優れたものを行っているとアピールすることは，（仮に自社がその対策を行っていること自体は事実であっても）優良誤認の問題となり得る。

　例えば，食品などで，どの事業者も行っている安全・衛生対策を行っているに過ぎないにもかかわらず，当該対策を殊更に強調することで，一般消費者が，他の事業者においては採られていない特別な対策を採っているために安全性が高いと誤認するような場合にも問題となり得るとされている（『景品表示法』87頁）。

2　製薬会社だから安全安心について

　そして，本件でも実際には通常の健康食品（基礎編Q112参照）と同じように作られたものであれば，消費者の選択という観点からみると，製造プロセスにおける管理の厳格性等の部分について特に他社と比べてメリットがあるわけではないだろう。それにもかかわらず単に販売会社が製薬会社だ

からというだけで「安心」「安全」ということを強調，保証する表示は，上記のような観点から問題があり，回避すべきである（なお，日本通信販売協会広告適正化委員会「通信販売取引改善のための通販広告実態調査　2018年度調査報告書」（https://www.jadma.or.jp/pdf/2019/koukokujittai2018.pdf）の25頁も参照）。

【☞基礎編のQも確認】Q62，Q63，Q112

コラム　とある法務部員の一日

3　研修の重要性

　研修は重要である。例えば，法改正の研修等で好評を得ると，それが役員にも伝わり評価が上がることもある。

　研修というのは人前で話すということである。例えば役員研修であれば偉い人，年長の人の前で話すということだから，緊張する。また，新人研修は自分の年齢にもよるが，子供みたいな年齢差のある新入社員に対して，いかに寝させずに話をするか，逆に難しい。

　気をつけているのは，「同じ目線」に立ち，やや極端なことを言えば「法律の話をしない」ということである。自分の話を聞く人の中に法律が好きな人はいないと思った方が良い。だから，法律の教科書に書いていることを読み上げても誰も話を聞いてくれない。ただ，ビジネスをやっている（やろうとする）同僚は，同じ目線でビジネスの話や業務の話をすれば聞いてくれる。だからこそ，いつもの業務でどういう点が悩ましいか，それに対して多くの場合はどうすればいいかを説明し，「分からなければ法務に相談してくださいね！」と締めくくるのである。

　これによって，法務が早期に相談を受ける可能性を増やすこともできるので，研修は重要である。

第4章 有利誤認

1 二重価格

Q47 季節性商品の二重価格

> 恵方巻きのチラシにつき，「恵方巻き大特価　通常価格より50%オフの1,000円」とするのはどうですか？　なお，季節商品ですので，1,000円での販売開始前はほぼ一年間恵方巻きの販売実績がなく，一年前は同じものが2,000円で販売されていました。

A

季節性商品の二重価格表示にはリスクがあります。

1 「不当な価格表示についての景品表示法上の考え方」

二重価格表示（基礎編Q66）につき，不当な価格表示についての景品表示法上の考え方第4・2(1)ア(ウ)は，「比較対照価格が「最近相当期間にわたって販売されていた価格」に当たるか否かは，当該価格で販売されていた時期及び期間，対象となっている商品の一般的価格変動の状況，当該店舗における販売形態等を考慮しつつ，個々の事案ごとに検討されることとなるが，一般的には，二重価格表示を行う最近時（最近時については，セール開始時点からさかのぼる8週間について検討されるものとするが，当該商品が販売されていた期間が8週間未満の場合には，当該期間について検討されるものとする。）において，当該価格で販売されていた期間が当該商品が販売されていた期間の過半を占めているときには，「最近相当期間にわたって販売されていた価格」とみてよいものと考えられる。ただし，前記の要件を満たす場合で

あっても，当該価格で販売されていた期間が通算して2週間未満の場合，又は当該価格で販売された最後の日から2週間以上経過している場合においては，「最近相当期間にわたって販売されていた価格」とはいえないものと考えられる。」とする（つまり，その場合にはそれがセール開始時点からさかのぼる8週の過半の販売価格であっても比較に利用できない）。

　すると，本年における恵方巻きの販売前8週間において2,000円での販売実績はなく，また，1年前には当該価格で販売されていたとしても，その価格で販売された最後の日から2週間以上が経過しており，消費者庁の上記見解を本件に適用すると，「通常価格より50%オフ」とは言えないことになる。

2　季節性商品と二重価格

　このような結論には疑問があるかもしれないが，いわゆるグルーポン事件では，平成23年に，お節料理の販売価格表示につき，おせち販売業者に対して措置命令が行われている。そして，消費者庁は報道発表の中で，おせち料理のような「季節もの」など，極めて短期間に販売される商品については，「通常価格」というものは存在しないとしている。

　このような消費者庁の見解を踏まえると，季節性商品の二重価格表示，特に通常価格との比較にはリスクがあると言わざるを得ない。

【☛基礎編のQも確認】Q66

第4章
有利誤認

Q48 価格を2回以上変更する場合の価格表示

昨年12月1日から新製品の販売を開始し，今年の2月までは4,000円で販売していました。今年の3月1日から「4,000円⇒3,000円」と広告の上，3,000円の販売を開始し，3月31日まで3,000円の販売を続けました。4月1日から「4,000円⇒2,950円」という広告をすることはできますか。例えば「4,000円⇒3,050円」はどうですか？

A

いずれもできません。

二重価格表示については，**本書Q47**（基礎編Q66も参照）で説明したとおりである。そこで本件のような複数回価格が変更される場合にも基本的にはこの基準を当てはめることになる。まず，今年の3月1日を基準とすると，昨年12月1日から今年の2月末までの約3ヶ月（12週間）に渡って，同一の価格（4,000円）での販売が継続されている。そこで，「セール開始時点からさかのぼる8週間」において，常に4,000円で販売されていた（4,000円が販売価格の過半を占める）ことから，4,000円を対象とした比較広告を行うことは可能である。

問題は，今年の4月1日を基準とした場合である。3月1日に既に3,000円へと価格が改定され，その後3月末まで4週間を超えて3,000円での販売が継続しており，かつ，4,000円で販売された最後の日から2週間以上経過している。そこで，4月1日に比較広告を行う際に，4,000円を比較対象とすることはできず，3,000円を比較対象とする他ない。そこで，「4,000円⇒2,950円」ではなく「3,000円⇒2,950円」とすべきである。

なお，2,950円ではなく，3,050円で売る場合であっても，4,000円を比較対象とすることができない点に変わりがない。この場合に，「3,000円⇒3,050円」とすること自体は適法であるが，通常はそのような広告手法は採用されないと思われる。

【☞基礎編のQも確認】Q66

Q49 二重価格以外の有利誤認を併せて検討すべき場合

> 　加工食品について，「通常は800円ですが，加工業者から直接仕入れて直送しており，特別に498円でご提供します」という訴求は可能ですか？

A

　二重価格表示の問題をクリアすることだけではなく，その説明部分についても留意が必要です。

1　二重価格表示

　二重価格表示については，本書Q47（基礎編Q66も参照）で説明したとおりである。そこで，この基準を本件に当てはめ，800円という価格を比較対象とできるかを検討すべきことになる。

2　説明

　しかし，広告審査を行う際は，その事案の重点的なポイントだけではなく，それ以外のポイントも含めて検討する必要がある。そこで，二重価格の問題だけをクリアすれば良いものではない。説明部分について有利誤認等の問題がないか，更に検討が必要である。

　例えば，本当は賞味期限が迫っている見切り品だから498円で売らなければならないものを「加工業者から直接仕入れて直送した」と説明する場合には，比較対象の同一性が問題となる。

　ここで，不当な価格表示についての景品表示法上の考え方第4・2⑵ア(オ)は，「販売する商品と同一ではない商品（中古品等を販売する場合において，新品など当該商品の中古品等ではない商品を含む。）の過去の販売価格を比較対照価格に用いること。」が有利誤認の問題となり得るとした上で，その具体例として「A楽器店が，「電子オルガン　当店通常価格650,000円を365,000円」と表示しているが，実際には，当該商品は長期間展示品であって新品とはみなされないもので，当店通常価格は新品のものの価格であるとき。」を例示している。本件においても，もし498円で販売するのが見切り

81

品なのであれば，比較対象とされる800円の商品が，賞味期限が長い通常品であって，今回販売すると見切り品は異なる商品であるにもかかわらず，それと異なる（品質の良い）通常品の価格と比較しているものであって，大きな問題があるだろう。

【☞基礎編のQも確認】Q66

Q50 セール価格

特定の商品について，セール開始前の価格（例えば1,000円）と比較対象する形で，できるだけ長く値引きセール（例えば「通常価格1,000円のものが20％割引で800円」という訴求）をしたい場合，どうすれば良いでしょうか？

A

例えば，当該商品を4週間と1日連続で1,000円で販売した後，3週間と6日間連続で800円で販売するという場合，二重価格表示のルールを満たす形で「通常価格1,000円のものが20％割引で800円」という訴求を継続することができる可能性があります。

1 原則的な考え方

二重価格表示については，本書Q47（基礎編Q66も参照）で説明したとおりである。そこで，この基準を満たす期間であれば，「通常価格」と対比して，例えば「通常価格1,000円のものが20％割引で800円」という訴求をすることができるが，その期間を超えてしまうと，もはやその1,000円なら1,000円を「通常価格」として対比の対象とすることができない。基本的には，通常価格1,000円と表示するためには，その通常価格が，Ⓐセール開始から遡る8週間の過半を占める，Ⓑ当該通常価格で販売された期間が2週間未満ではない，Ⓒ当該通常価格で販売された最後の日から2週間以上を経過していないという3要件が満たされなければならない。

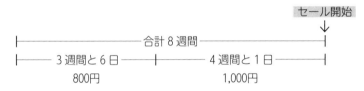

図1　セール開始時点

　例えば，その商品がまず3週間と6日連続で800円で販売され，その後4週間と1日連続で1,000円され，その段階でセールを開始するとしよう。「1,000円」という価格はセール開始前8週間において過半を占めているので，Ⓐの要件を満たし，また，4週間と1日1,000円で売られているので，2週間未満ではないのでⒷの要件を満たす。そして，セール開始の前日まで1,000円で販売されていたのだから，少なくともセール開始の日を基準とすれば，当該通常価格で販売された最後の日から2週間以上を経過していない，つまりⒸの要件を満たす（図1）。

　そして，これらの要件のうち，ⒷとⒸはセール開始時に成立していれば足りる（つまり，「この要件によってセールの実施期間が2週間を超えてはならないということととはならない」『景品表示法』116頁）。しかし，Ⓐについては，原則として二重価格表示が終わるまで常に成立している必要がある（『景品表示法』120頁）。

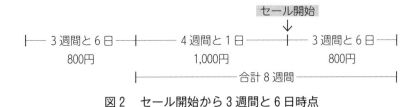

図2　セール開始から3週間と6日時点

　そして，例えば，セール開始から3週間と6日の時点においても，Ⓐの要件は満たされている。つまり，1,000円という販売価格の期間はそれ以前の8週間の過半を占めている（8週間のうち4週間と1日。図2）。よって3週間と6日間連続で800円で販売し，その際に「通常価格1,000円のものが20%割引で800円」という訴求をしても問題はない。

図3　セール開始から4週間時点

　しかし，例えば，上記事案において，セール開始から4週間時点を考えると，1,000円という販売価格の期間はそれ以前の8週間のちょうど半分で，「過半」を占めるものではないため◯Aの要件を満たさない（図3）。そこで，もはや「通常価格1,000円のものが20％割引で800円」という訴求をすることはできなくなる。なお，これは「セールをやめなければならない」（800円で売ってはいけない）ということではなく，セール自体は続けてもよい（800円で売り続けても良い）が，その際の二重価格表示の比較対象として1,000円を使うことができないということである。

2　事前にセール期間を明示する場合

　例えば，上記の事例で，最初に「4週間のセール」とセール期間を明示した場合はどうだろうか。二重価格表示が行われる時点で，セールの期間が明示される場合には，一般消費者にとって価格の変化の過程が明らかであるとして，セールの途中で◯Aの要件が満たされなくなっても，直ちに問題がならないとされる（『景品表示法』120頁）。但し，これは合理的セール期間であることが前提と思われ，過剰に長いセール期間を許容するとまでは考えられないし，また，一般の消費者が認識できない方法でこっそりと記載しても「明示」にはならない。

【☞基礎編のQも確認】Q66

Q51 セール期間

　　本書Q50で800円のセール（第１セール）を終えた後，1,000円に値段を戻しました。再度800円のセール（第２セール）を行いたいのですが，再度「通常価格1,000円から20％オフ」と表示することができるのはいつからでしょうか？

A

　　第１セールにおける800円での販売が一定期間継続した後で1,000円での販売がまた一定期間継続するという場合，たとえば，第１セール以降の８週間の過半が1,000円であり，他の要件も満たすとして第２セールを行うという方法があります。

　二重価格表示については，**本書Q47**（基礎編Q66も参照）で説明したとおりである。そこで，この基準を満たす期間であれば，「通常価格」と対比して，例えば「通常価格1,000円のものが20％割引で800円」という訴求をすることができるが，その期間を超えてしまうと，もはやその1,000円なら1,000円を「通常価格」として対比の対象とすることができない。

　そして，第１セール後に第２セールを行う場合であってもこのルールを遵守するべきことになる。例えば，第１セール以降の８週間の過半が1,000円であり，他の要件も満たすとして第２セールを行う方法を模索することがあり得る。

　例えば，第１セールが３週間と６日と仮定しよう。

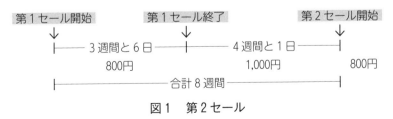

図１　第２セール

　例えば，この場合に第２セール開始前の８週間を見ると，４週間と１日

が1,000円で，8週間の過半を占めている。また，1,000円で販売された期間が2週間未満ではなく，1,000円で販売された最後の日から2週間以上を経過していない（図1）。そこで，この状況において，第2セールを開始し，20％割引で800円だと表示することはただちに問題にはならない。

　なお，第1セールが短い場合に，第1セール以前の販売期間を利用して計算すること自体が一切不可能とまでは言えないと思われるものの，特に期間をほとんど空けずに第2セールを開始することで，「このセール期間内だけでなければ値引きを享受できない」と考える顧客に対し誤認を与える可能性がある（本書Q52及び本書Q71参照）という点も考慮し，第1セール前における「通常価格」での販売期間を利用できるような短い期間しか空けずに類似のセールを行うべきか，という点については慎重に検討すべきだろう。

【☞基礎編のQも確認】Q66

Q52 キャンペーンの延長

> 　5月限定で20％の値引きキャンペーンをしたところ大変好評でしたので「好評につき延長」として6月も同じキャンペーンを継続したいと思いますが大丈夫ですか？

A

避けましょう。

　この場合には，事前にキャンペーンが期間限定である旨が明示されていることから，消費者は当該20％オフの有利な価格が「5月だけ適用される」と理解していたと思われる。そこで，一般の消費者の受け止め方を基準とすると，5月中に買わなければその値段を享受できない，と消費者に理解させて，購入を動機付けたと評価される可能性がある。もしそうであるとすると，このキャンペーン期間を延長して6月以降にも適用されるようにすると，これは消費者の誤解を生じさせるものと評される可能性があ

り，問題がある。

　例えば，研修の受講に関して，表示された期限までに申し込んだ場合に限り，「通常受講料」と称する価額から割り引いた価格で研修の提供を受けることができるかのように表示していたが，実際には表示された期限後に申し込んだ場合であっても，「通常受講料」と称する価額から割り引いた価格で研修の提供を受けることができるものであったとして，このようなキャンペーン期間（値引きがされる期間）として説明した内容が事実と異なっていた場合について，有利誤認とされた例がある（https://www.caa.go.jp/notice/assets/representation_220324_01.pdf）。

　ここで，類似したキャンペーンであっても，それが一定以上期間を置いている等の結果，社会通念上別のキャンペーンということができるのであれば，それを別途行うことは可能であろう（なお，例えば「本年最後のキャンペーン」等と表示した等，このような期間を空けての類似キャンペーンも行わないかのように誤認させる表示をしている場合にはこの限りではない。）。

　問題は，別のキャンペーンであるかどうかをどのように判断するかである。この点は明確な基準はないと承知しているものの，本書Q51の別のセールができる期間の議論が参考になる。つまり，二重価格について別のセールができるような期間を空ければ，再度「通常価格の20％オフ」等として元の価格を通常価格として参照しながら別のキャンペーンを行うことができる可能性があると考える。

【☞基礎編のQも確認】Q66

Q53 生鮮食料品の価格表示

> 生鮮食料品, 例えば鯛丸ごと1匹について二重価格表示をすることはできますか? 昨日5,000円だったのが3,000円というのが難しくても100gあたり500円だったのを300円に, ということであれば問題ないですよね?

A

見切り販売等を行うことはできますが, それ以外は, 昨日売っていた「あの鯛」と今日の「この鯛」の同一性を判断しかねるという性質から, 明確に同一だと言える状況でなければ, 生鮮食料品の二重価格表示はリスクが大きいです。

1 リスクが大きいこと

二重価格表示は一定の要件を満たせばできるが, それはあくまでも「同一」の商品について定価や過去の販売価格が存在するからである。しかし, 生鮮食料品については, 昨日売っていた「あの鯛」と今日の「この鯛」の同一性が判断しかねるという性質がある。

例えば, 同じ鯛一匹でも, 当然のことながら, それぞれ大きさ, 重さが異なる。この点を均一化させるため, 100gあたりで比較するとしても, 例えば, 昨日よりサイズが違う小ぶりのものだから安いとか, 昨日のものより本日の方が鮮度が落ちているといった形で, 同一性が認められないことも多い。そのような同一性が認められるかが不明な中での二重価格表示はリスクが大きい。

不当な価格表示についての景品表示法上の考え方第4・1(1)も, 「野菜, 鮮魚等の生鮮食料品については, 一般的には, 商品の同一性を判断することが難しいと考えられる。」とした上で「一般消費者に販売価格が安いとの誤認を与え, 不当表示に該当するおそれがある」としている。そこで, 基本的には鮮魚である鯛に関する二重価格は避けるべきであろう。

2　見切り販売／タイムサービス

但し，不当な価格表示についての景品表示法上の考え方第4・2(1)ウは「特定の商品について一定の営業時間に限り価格の引下げを行ったり，又は生鮮食料品等について売れ残りを回避するために一定の営業時間経過後に価格の引下げを行ったりする場合に，当初の表示価格を比較対照価格とする二重価格表示が行われること」は「通常は，不当表示に該当するおそれはないと考えられる」とする。要するに，昨日売っていた物との比較ではなく，朝から晩まで同じものが販売され，あくまでも夕方になって閉店が近いので元の値段から値引きしているということであれば，例外的に同一性が明確だ，ということと理解される。

3　生鮮食品以外の食料品

なお，本問の議論の射程は生鮮食品に限られる。たとえば加工食品であれば一般に特定の重量や品質等の仕様を満たすようなものだけが出荷される。そうであれば同一性が明確であるから，他の要件を満たせば二重価格表示をすることができる（本書Q49も参照）。

【☛基礎編のQも確認】Q66

Q54　「年末まで値上げしません」

> スーパーの「2023年末まで全品値上げしません」という訴求は適法ですか？

A

ただちに違法ではありませんが，例外，期間中の（実質）値上げ及び値上げ直後の表示に留意してください。

2023年は値上げが相次いだ。そのような中で，値段を上げないというマーケティング手法がますます重要となっている。特に，「○月○日までは値上げをしない」と表記した上でその時期以降値上げする場合，「○月○日から値上げします」とほぼ意味が同じであるにもかかわらず，消費者

の値上げに対する抵抗感が少なくなることから，実務上採用されることがある。しかし，そのような表記をする際には広告法令に違反しないよう注意しなければならない（なお，以下は広告法の問題に限定して検討することとし，小売店と納入業者間の下請法（**基礎編Q90参照**）や消費税の転嫁等の問題は扱わない。）。

ここで，値上げをしないという訴求は，とりわけ，多くの同業他社が値上げをしている状況下では相対的に有利な価格であることを表明すると解される可能性がある。そこで，有利誤認（景表法5条2号）の問題が出てくる（**基礎編Q66**）。例えば，「全品値上げしない」という表示がされたので安心して購入したところ，実は密かに値上げをしていた，という状況が生じてしまえば，有利誤認のおそれがあるだろう。以下，このような表示に関する留意点を以下3点にまとめよう。

まず，値上げをしないのが全品ではなく，一部の例外がある場合は明確かつ，消費者に誤解を与えないような打消し表示（**基礎編Q69**）を検討すべきであり，打消し表示の文字の大きさ，強調表示の文字と打消し表示の文字の大きさのバランス，打消し表示の配置箇所，打消し表示と背景との区別等に配慮しなければならない。とはいえ，本当に「例外」といえる場合にのみ打消し表示を利用可能である（**本書Q35及びQ60，Q65も参照**）。「全品」と称しながら，実際には，非常にたくさんの例外があるというような広告方法は回避すべきである。

また，そのような表示を行ったにもかかわらず，途中で値上げをすることが問題となり得ることにも留意が必要である。消費者としては，この期間はずっと安い価格が継続すると信頼しているものであり，期間中の値上げは消費者の信頼を裏切ることとなり得る。ここで，最近は100g100円を80g100円として容量を減らす等の実質値上げが増えている。特に，小売店が容量を減らすのではなく，メーカーが容量を減らした場合（とりわけ，最近まま見られる「リニューアルして更においしくなった」等と表示しながらも，実際には減量をすることで実質値上げをする手法等を採用した場合）にどこまでが小売店の表示の問題となるかは微妙であるが，クレームリスク（**基礎編Q91**）も踏まえて対応すべきである。

更に，「値上げしない」という表示の意味を一般消費者の視点（**基礎編**

Q58）から理解すれば，通常は，「従来の価格を維持する」と解される。そこで，例えば2023年4月1日から価格を大幅に上げた上で「2023年末まで値上げしません」と表示する場合，実際には，2023年3月末までの価格は維持されていないにもかかわらず，一般消費者として，「2023年3月までの価格を同年末まで継続する」のだと誤認する可能性がある。この点は必ずしも二重価格表示（基礎編Q66）と同一の話ではないものの，少なくともベストプラクティスとしては，従来の価格を維持すべきである。仮にどうしても値上げをした上でその後の値上げまでは仕入れ価格等が高騰しても頑張るという趣旨を伝えたいのであれば，「物価高騰のため，残念ながら2023年4月に値上げを断行せざるを得ないところ，その後も物価高騰は続くと見込まれるが，企業努力によって同年末まで価格を維持する」という趣旨を一般消費者にとって誤解がないよう表示されるようにすべきである（なお，価格表示第5・2イが「表示価格からの割引率若しくは割引額又はポイント還元率（以下「割引率等」という。）を用いた表示を行う場合に，(1)表示価格をいったん引き上げた上で割引率等を用いた表示を行うこと」を問題としていることも併せて参照されたい。）。

【☛基礎編のQも確認】Q58，Q66，Q69

Q55 値上げ予定

> セール終了後に120％の価格で販売した実績さえ作れば
> セール終了後に20％値上げする予定であるとして，今だけ
> 安くなっているという訴求をしても大丈夫ですよね？

A

　その表示に十分な根拠があるかが問われますので，120％の価
格で少なくともセール終了後2週間以上販売を継続するという
旨の合理的な計画を事前に作りましょう。ここでいう120％の価
格での販売は，単に「実績づくり」のためのみせかけのもので
あってはなりません。

　価格表示ガイドラインは，将来の販売価格を比較対照価格とする二重価
格表示については，「表示された将来の販売価格が十分な根拠のあるもの
でないとき」には，不当表示に該当するおそれがあるとしている（価格表
示第4・2(1)イ）。その上で，同ガイドラインは，将来の価格として表示さ
れた価格で販売することが確かな場合以外における将来の販売価格を比較
対照価格とする二重価格表示に対して否定的な評価をしている（『景品表示
法』123頁）。要するに，将来いくらで販売するかというのは，ある意味で
は事業者の判断でいかようにもできる事項であり，本当はその高い価格
（120％の価格）で販売するつもりがないのに，今だけお得であるように消費
者を誤導する表示は許されない，ということである。

　そして，令和2年12月に消費者庁が公表した「将来の販売価格を比較対
照価格とする二重価格表示に対する執行方針」も，将来の販売価格は，二
重価格表示を行っている時点において未だ現実のものとなっていない価格
であり，虚偽表示につながるおそれが本質的に内在していると考えられ，
表示した将来の販売価格で販売することが確かな場合以外は基本的に行う
べきではない（同方針第1）として，上記のスタンスを再確認している。

　このように消費者庁は将来の価格を比較対象価格とする二重価格表示に

対しては警戒感を表明しているものの，そのような表示を全面禁止しているものではない。もし，そのような表示をするのであれば，事業者が「比較対照価格とされた将来の販売価格で販売する」「確実な予定」が必要であるところ，そのためには「セール期間経過後の一般的な販売活動において比較対照価格とされた将来の販売価格で販売すること」まで必要であって，かつ，合理的かつ確実に実施される販売計画をセール期間を通じて有していなければならない（同方針第2・1。なお，販売計画の内容が，それを実行しても計画のとおり比較対照価格とされた将来の販売価格で販売することができる見込みが客観的に乏しいなどのために合理的なものと認められない場合には「合理的」な販売計画を有しているとは認められないとされている。また，販売計画の内容が，例えば，比較対照価格とされた将来の販売価格で販売するか否か自体について，将来の販売価格を比較対照価格とする二重価格表示の開始後に事業者が改めて判断するものになっている場合や，発生するか否かが不確実な事実にかからしめている場合などは，「確実に実施される」販売計画とは認められないとされている。）。そして，将来の販売価格は，比較対照価格の根拠を形式的に整える手段としての，いわゆる「見せかけ」のものではあってはならない（『景品表示法』125頁）。

　要するに，事前に，セール後の一般的な販売活動においてセール価格の120％の価格で販売し続けることを合理的な販売計画の中で明記し，そして，セール終了後には，原則としてそのとおりの価格設定としなければならない。

　ここでは，ごく短期間しか120％の価格で販売することでは足りないとされており，一般的には当該販売価格での販売を2週間以上継続した場合には，ごく短期間であったとは考えられないという考え方が示されている（同方針第2・2(3)。なお，2週間以上継続していても，「見せかけ」の価格であれば要件を満たさない。）。

　もちろん天変地異等の例外的状況を踏まえた計画の変更自体はあり得るが，セールの販売目標が達成できなかったのでセールを継続する，他社が値下げをしたために対抗上セールを継続するといった，事業活動を行う上で予見できないとはいえないような事情しかないのにもかかわらず，計画と異なる価格（通常は計画より安い価格。本件であれば110％や場合によってはセー

ル中と同様の価格）で販売することは認められない（同方針第2・2⑵イ）。

【☞基礎編のQも確認】Q66

Q56 「傷物につき」

> 　新品価格が10万円の同じテーブルを2台売っていたところ，1台に傷がついてしまったので，1台はそのままの値段とし，傷物について「傷物につき半額の5万円」と表示しても大丈夫ですか？　「傷物につき」と書かず，「半額の5万円」とだけ表示することはどうですか？

A

　傷物につきという明示があれば大きな問題はありませんが，明示しなければ有利誤認の可能性があります。

1　同一ではない商品との二重価格表示

　同一ではない商品の価格との二重価格表示が行われる場合には，一般消費者に対して販売価格が本来よりも安いとの誤認を与え，不当表示に該当するおそれがある（価格表示第4・1⑴ア）。そこで，基本的には，二重価格表示をするのであれば，同一の商品を比較しなければならない。

　とはいえ，同じ業者が二つの異なる製品を並べて価格を比較することは，事業者自身が販売したものであれば，通常は，商品の差異以外の価格の決定要素については共通であると考えられ，そうであれば，一般消費者が商品の違いを正確に認識した上で販売価格の安さを評価することができると考えられるため（『景品表示法』111頁），通常，景表法上問題となるものではないとされている（価格表示第4・1⑴ア）。

2　傷物との明示が必要であること

　傷物である旨の明示がなされている場合において，傷がないテーブルと傷物とを比較してその価格がそれぞれ10万円と5万円である（傷物が傷がないものの半額である）と表示することは，まさに上記1でいうところの，同

じ業者が二つの異なる製品を並べて価格を比較する場合であって，問題は少ないと考えられる。しかし，それが傷物だと示さなければ，販売条件や販売価格の性格が異なったり，商品の品質の違い等が正確に認識できず，むしろ同等品であるかのように誤認されることから，有利誤認の問題が生じるだろう（『景品表示法』111-112頁）。

【☞基礎編のQも確認】Q66

Q57 「通常価格1,000円　会員価格950円」

> 当社のオンラインショップでは会員にならなくても商品を購入することができるので，多くの購入者は会員登録をしていないのですが，この度会員を増やしたいと考え，通常価格より会員価格を5％安くすることにしました。そこで，サイト上，例えば「通常価格1,000円　会員価格950円」と表示されますが，このような表示に問題ありますか？

A

現時点では直ちに問題があるとは言えないものの，今後ほとんどの人が会員登録し，通常価格での購入実績が疑わしくなれば問題となり得ます。

1 会員価格との二重価格表示

価格表示第4・5(2)は容易に会員になることが可能であって，その価格での購入者がほとんど存在しないと認められる販売価格を非会員価格として比較対照価格に用いることが有利誤認になり得るとした上で，そのような問題の主な具体例として，「A宝飾店が，「K18ダイヤモンドピアス　非会員価格5万円　会員価格2万4,980円」と表示しているが，実際には，購入を希望する一般消費者は誰でも容易に会員となることができ，非会員価格で販売されることはほとんどないとき。」（強調筆者）という，事例を

説明している。

　これは，一見すると，会員価格と通常価格の二重表示を一律に禁止するものとも読めるかもしれない。しかし，「非会員価格で販売されることはほとんどない」とあるように，ここで述べられている趣旨は，2つの価格を対照しているものの，「非会員価格」が実質的には見せかけの価格であって，実際にはそのような価格がほとんど利用されていないものなのであれば，まさに消費者の選択を誤らせるという部分にあると理解される。そして，だからこそ，非会員価格の販売実績が多く存在するものであれば，ただちに問題となるものではないと考えられる（通常価格と会員価格の差を問題視する　http://www.caa.go.jp/policies/policy/representation/fair_labeling/pdf/fair_labeling_181018_0001.pdf等も，通常価格が実績がないことを問題としている。）。ただし，もちろん，非会員価格で販売されることがほとんどなければ，上記価格表示第4・5(2)のとおり，有利誤認の問題となる。

2　当てはめ

　本問では，そもそも多くの購入者は会員登録していない。そこで，多くの購入者が通常価格である1,000円で実際に購入しているということになる。もしそうであれば，まさにこの1,000円という価格は見せかけではない価格なのであり，それと（例えばメールアドレス等を登録することによるプライバシー上の懸念等を踏まえて）会員登録した場合としない場合とを天秤にかけて，そのまま通常価格で買うか，会員登録をした上で950円で買うかを選ぶというのは消費者の通常の商品選択過程と評することができる。よって，消費者の選択を誤らせるものではないだろう。そこで，この事例の限りでは，直ちに問題があるとは言えないものの，今後ほとんどの人が会員登録し，通常価格での購入実績が疑わしくなればまさに上記価格表示の問題視する事案と同様になることから，常にこの点に留意しなければならい。

2　値引き

Q58 ポイント10%分

> 　値引きは景表法上の規制に服しないので，「10%値引き」
> と言って10%分のポイントを提供しても良いですか？

A

　ダメです。

　ポイントが単なる値引きであれば「正常な商慣習に照らして値引又はアフターサービスと認められる経済上の利益及び正常な商慣習に照らして当該取引に係る商品又は役務に付属すると認められる経済上の利益は含まない」（「不当景品類及び不当表示防止法第2条の規定により景品類及び表示を指定する件」1項）ため，景品規制の対象とならない（基礎編Q70）。例えば，複数回の取引を条件として行われる対価の減額（いわゆるポイントサービス等）も景品規制上は値引きとは一般に理解される（『景品表示法』216頁）。そこでそのような値引きの趣旨のポイントを提供することについて景品に対する上限規制等を検討する必要はない（例えば，総付規制の10分の2を超えるポイントを提供することも，それが値引きと認められる限り，景品規制違反にならない）。

　しかし，景表法上の「表示規制」はなお適用されることに留意が必要である。実際には10%分のポイント付与がされるにすぎないにもかかわらず，これらを「10%値引」と表示する場合，これを一般消費者は，現金で10%値引きされると受け止めることから，表示規制の観点からは，不当表示に該当するおそれがある（『景品表示法』216頁）。

　よって，表示規制についても併せて検討し，それに違反しないよう，「10%分のポイントを提供」等と値引きではないことを明確な表示としなければならない。

【☞基礎編のQも確認】Q70

Q59 アプリのクーポン

アプリで「Ａ商品の○○円引きクーポン」を配布しているところ，このクーポン自体には「○○円引き」とだけ表記されており，例えば，「店頭価格から」といった表記はないのですが問題ありませんか？　なお，アプリの規約ページには店頭価格からディスカウントすることが記載されています。例えば，Ａ商品の定価が100円である場合の10円値引きクーポンにつき，既にＡ商品に５％値引きシールが貼られて95円になっていても90円になるだけで，95円から10円値引きされて85円になるわけではないということです。

A

クーポンに関しては景品規制と表示規制の双方が問題となるところ，本件で景品規制が回避できても，表示規制の問題がありそうです。

1　景品規制

本書Q58のとおり値引と認められる行為に景品規制は適用されない。そして，これはクーポンについても同様である（基礎編Q70）。

クーポンに関しては，「雑誌に掲載されたクーポン券持参者に対する景品提供について」（https://www.jftc.go.jp/soudan/jizen/soudan/h15/ji030506.html）が，「120円引券」を雑誌に掲載し，これをＡ店に持参した者全員に飲料Ｂを120円値引きする場合につき，当該企画は消費者制限告示の適用が除外されるとしていることが参考となるだろう。

2　表示規制

景品規制だけではなく，表示規制，特に有利誤認が問題となる。例えば，Ａ商品が（５％値引きシールによって）95円で売られていれば，消費者は10円引きクーポンによって85円になると期待する。しかし実際には90円にしかならないのであれば，有利誤認とされる可能性がある。

　ここで，アプリの利用規約において，値引きは「店頭価格」がベースとなり，値引き商品であっても値引き価格か10円引き価格かのいずれか安い方にしかならないと明記すれば良いという考えもあるかもしれない。しかし，景表法はあくまでも一般消費者の視点（基礎編Q58）に基づき有利誤認であるか等を判断するものである。このような観点からは，利用規約を少なくとも詳細には読まないことが多い一般消費者の立場に鑑みると，単にアプリの利用規約にその旨が記載され，消費者が同意した，というだけでは，その利用規約の内容を前提とするのは難しいと思われる。

　なお，クレームリスク（基礎編Q91）の観点からみても，もしそのようなクーポンを発行してしまうと，店頭，とりわけレジでトラブルになり，消費者や店舗で働く従業員に迷惑をかけてしまう可能性があるという観点からもこのような重要な点はクーポン画面に大きく明記すべきである。

【☞基礎編のQも確認】Q58，Q70，Q91-Q93

Q60 「毎日が希望小売価格より半額」

　冷凍食品の広告表現で，「毎日がメーカー希望小売価格より半額」と表示しますが，実際には，一部は対象外なので，対象外商品の具体名を明示せずに「※一部商品を除きます」としておけば大丈夫ですか？

A

問題があります。

1　希望小売価格との比較

　価格表示第4・3(1)アのとおり，まずはその価格が希望小売価格として「製造業者等により設定され，あらかじめ公表されている」と言えるかが問題となる。

　真実の希望小売価格よりも高い価格を「希望小売価格」と称する（同第4・3(2)ア），真実は希望小売価格が設定されない（又は撤廃済み）にもかか

99

わらず，任意の価格を希望小売価格とする（同第4・3⑵イ），「①プライベートブランド商品について小売業者が自ら設定した価格，②製造業者等が専ら自ら小売販売している商品について自ら設定した価格，又は③特定の小売業者が専ら販売している商品について製造業者等が当該小売業者の意向を受けて設定した価格」を，希望小売価格とする（同第4・3⑵ウ），製造業者等が当該商品を取り扱う小売業者の一部に対してのみ提示した価格を希望小売価格とする（同第4・3⑵エ）等が典型的な違反行為である。

　逆に言えば，本当に上記の意味の「希望小売価格」が存在し，実際の販売価額がその半額であれば，それだけで直ちに二重価格表示規制に違反するとは言えない。

2　打消し表示

　ここで，本件においては，半額にならない製品が存在するところ，それに対応して「※一部商品を除きます」という打消し表示（基礎編Q69，本書Q35及びQ54，Q60，Q65を参照）を行っている。このような例外がある場合における打消し表示については，「打消し表示に関する表示方法及び表示内容に関する留意点（実態調査報告書のまとめ）」第3・2⑴が「何らかの例外がある旨を記載している打消し表示について，一般消費者が打消し表示を読んでもその内容を理解できない場合，一般消費者は例外事項なしに商品・サービスを利用できるという認識を抱くと考えられる。」としている。例えば，50品全てについて希望小売価格が存在し，49品はその半額だが，残りの1品は30%オフの場合，「〇〇（商品名）を除く」と書いていれば，一般読者としてその内容を理解できることが多いと思われる。しかし，単に「※一部商品を除きます」だけで十分かは具体的に状況によるものであり，仮にその例外が一品だけでも場合によっては不十分とされる可能性はあるだろう（例えばその一品が主力商品の場合に，それが除かれる例外に該当することがわからない，という状況もあり得るところ，そうであれば不十分とされるだろう）。

　この点に加えて，既に希望小売価格が撤廃されている商品が多いことからすれば，例えば50品目のうち，25品目について希望小売価格が存在しないとなれば，半額ではない商品が「例外」とは言えないのであり，もはや打消し表示で対応できるものではないと思われる。

【☞基礎編のQも確認】Q66，Q69

3　その他

Q61 通常価格より必ず安いとは限らない場合

> 食品を予約販売する場合において，もし予約で大半が売り切れる場合，「ご予約価格」は「当日価格」よりも安くなります。しかし，既に材料の発注は済ませており，予約でさばけない場合には，当日価格を安くして売り切る必要があり，当日価格が予約価格と同額になる可能性があります。このような場合においても，なお「予約がお得」とか「驚きのご予約価格」と表示しても大丈夫ですか？

A

　当日価格が予約と変わらない可能性があれば，そのような表示はやめた方がいいと思われます。

　価格表示第6・2は「通常時等の価格と比較して特に安くなっている商品がなかったり，一部に限定されているにもかかわらず，安さの程度を説明する用語を用いて，表示された商品の全体について販売価格が特に安くなっていることを強調する表示を行うこと。」を有利誤認の可能性があるとする。

　もし，必ず予約価格が当日販売価格を下回るのであれば，その下回る程度に応じて安さの程度を強調する表示も可能であろう。もし，必ず安くなるのであれば「お得」という表示は可能と思われる。ただ，極僅かな価格差に過ぎないにもかかわらず，「驚き」という表示をすることは問題があるので，値引きの程度との兼ね合いと思われる。

　これに対し，もし，真実が上記のとおり，状況によって当日価格より安

第4章

有利誤認

くなったり同額だったりする場合において，まるで予約の方が常に「お得」であるかのような表示をするのは問題である。

　このような場合でも予約によって必ず在庫を確保することができ，また，予約をして事前に支払いを済ませれば，予約票を見せるだけで当日速やかに引き渡しを受けることができるということであれば，このような予約の利便性（予約が便利等）を強調した表現にすること自体は可能と思われる。そこで，有利誤認リスクや，クレームリスク（基礎編Q91）を踏まえこのような金額の有利さではない点にフォーカスした訴求を検討すべきである。

【☞基礎編のQも確認】Q91-Q93

Q62 安さの程度を示す表現

> 「地域で圧倒的に安い」等の訴求をすることはできますか？

A

　どう「圧倒的」に安いのか，きちんと説明することができることを前提に，安さの理由を説明することで一般消費者が誤認しないようにするのであれば可能な余地があります。

　本件では，安さの程度を表示しているところ，価格表示第6・1は「安さの理由や安さの程度を説明する用語等を用いて，販売価格の安さを強調する表示を行う場合には，適用対象となる商品の範囲及び条件を明示するとともに，安さの理由や安さの程度について具体的に明示することにより，一般消費者が誤認しないようにする必要がある」とする。

　そこで，例えば，価格表示第4・4「競争事業者の販売価格を比較対照価格とする二重価格表示について」の要件（例えば「市価を比較対照価格とする二重価格表示については，当該事業者が販売している地域内において競争関係にある事業者の相当数の者が実際に販売している価格を正確に調査することなく表示する場合には，不当表示に該当するおそれがある」を参照のこと）を満たすような形で，特

定の範囲の商品については，「圧倒的」と言えるほどの安さがあるという
説明ができるのであれば，一般消費者が誤認しないように丁寧な説明をし
た上で行う前提であれば，圧倒的に安いというような訴求が可能な余地が
あるだろう。

Q63 価格を表示しないチラシ

> 　小売店のチラシにおいて，単に「特価商品多数！　来店
> してご確認ください！！」だけを記載し，具体的な価格を
> 記載しないことはできますか？

A

　どういう意味でそれが「特価」なのかを説明しておらず，来
店しないとその趣旨を一般消費者として理解できない点におい
て問題があります。

　本書Q62のとおり，安さの理由や安さの程度を説明する用語等を用いて，
販売価格の安さを強調する表示を行う場合には，適用対象となる商品の範
囲及び条件を明示するとともに，安さの理由や安さの程度について具体的
に明示することにより，一般消費者が誤認しないようにする必要がある
（価格表示第6・1）。そのような観点から，本問でも，安さの程度等を具体
的で説明しておらず，来店しない限りその趣旨を理解できないことが問題
である。

　例えば，価格表示第4・4「競争事業者の販売価格を比較対照価格とす
る二重価格表示について」の要件を満たすような形で，具体的に他店舗と
比べて何の価格がどのように安いか等を示すチラシであれば誤解を招かな
いと判断される可能性もあるだろう。

　これに対し，例えば，1点安い商品があるだけであるにもかかわらず
「特価品が多数」とするのでは，一般消費者の誤認を招き，有利誤認に該
当する可能性がある。また，確かに安くなっている商品の数は多いものの，

数が多いだけでそれらは皆滅多に買わないようなものである等であれば，同様にそれは誤認を招き，有利誤認に該当する可能性があるだろう。

Q64 「価格で還元」

> 「紙のチラシを廃止した分を特価で還元します！」という訴求をしても問題ないですか？

A

　本当に価格で還元していて，かつ，具体的にどのように還元するかを説明していれば直ちに問題があるとはいえないものの，実際にはこれまでのセールの際と同様の価格なのであれば，問題があるでしょう。

　本書Q62のとおり，「安さの理由や安さの程度を説明する用語等を用いて，販売価格の安さを強調する表示を行う場合には，適用対象となる商品の範囲及び条件を明示するとともに，安さの理由や安さの程度について具体的に明示することにより，一般消費者が誤認しないようにする必要がある」ところ，確かにここでは「安さの理由」として，紙のチラシを廃止し，これまで紙のチラシのために利用していた費用を値下げのための原資として利用する旨が示されていると言える。

　しかし，単にそれだけしか記載されないということであれば，具体的な個々の販売価格の安さとの関係が説明されていないということになる。あくまでも仮の話であるが，そのような訴求をしながら，もし，実際にはこれまでのセールの際と同じ価格なのであれば，紙のチラシの費用を原資として値下げを行った旨の説明は「嘘」ということにもなりかねない。

　だからこそ，例えば，紙のチラシの費用の節約分は商品価格の5％相当なので，これまでのセールの際の価格よりも5％安くして販売する等，その価格還元の理由や程度を丁寧に説明し，また，適用対象となる商品の範囲及び条件を明示することで誤解を招かないようにすべきである。逆にい

えば，（説明内容が真実であるということが大前提であるが，）そこまでしっかりと説明しているのであれば，そのような訴求をしても直ちに問題にはならないと思われる。

Q65 総額表示

> ガソリンスタンドの看板に大きく税抜き価格を「150円」等と書いた上で，小さく「(税込価格165円)」と記載すればそれで良いですよね？

A

ダメです。

消費税については総額表示が義務付けられている。本書では総額表示そのものについては検討しない（総額表示については，例えば，タックスアンサーNo.6902「「総額表示」の義務付け」(https://www.nta.go.jp/taxes/shiraberu/taxanswer/shohi/6902.htm) を参照のこと）。しかし，この点は景表法とも密接な関連があるので，以下，その限りで検討しよう。

総額表示が義務付けられていることから，一般の消費者は，特定の価格が表示されればそれが税込価格だと理解するだろう。そして，特にガソリンスタンドという業態の特徴として，高速で走る車の中から視認した価格が安いと考えればそこでスピードを緩めてガソリンスタンドに入るということもあることが指摘できる。すなわち，一般的には打消し表示（基礎編Q69）自体は可能であるとしても，このようなガソリンスタンドの業態を踏まえれば，大きく税別価格を記載した場合，その後に小さく税込価格を付記したところで有効な打消し表示になりにくい。

本問と類似した，大きく税別価格を記載した上で，小さく「税別」と表示した事案について，「「税別」と表示していたが，当該表示は小さな文字で記載されているものであること等から，一般消費者が前記（略）の表示から受ける（略）取引条件に関する認識を打ち消すものではない。」と

して有利誤認としたものがある（https://www.caa.go.jp/notice/assets/representation_211216_2.pdf）。

【☞基礎編のQも確認】Q69

Q66 包括表示

> スーパーで様々な種類の刺身を販売しています。「本日の鮮魚 本マグロトロ，カツオタタキ，タイ刺身 100グラム198円〜」という訴求はできますか？　カツオタタキは100グラム198円ですが，タイ刺身は100グラム298円，本マグロトロは100グラム498円です。

A

タイ刺身や本マグロトロも198円から買えるという誤認を招くのでやめましょう。

生鮮食品と有利誤認については既に本書Q53でも述べているところであるが，本問のような価格表示方法については，不当な価格表示についての景品表示法上の考え方第3・2アが「実際の販売価格より安い価格を販売価格として表示すること」を不当表示とし，その具体的例示として「A不動産会社が，「分譲宅地価格／1平方メートル100,000円〜120,000円〜特選地」と表示しているが，実際には，当該宅地の価格は1平方メートル当たり約148,000円ないし約185,000円であるとき。」を挙げていることが参考になる。

つまり，この例示された事案においては「120,000円〜特選地」としており，「特選地」は120,000を超えることを暗示している。しかし，それだけではなく，120,000を超える不動産がある以上，その価格について，例えば，148,000-185,000と表示すべきだということである。

なお，「適用対象となる商品が一部に限定されているにもかかわらず，表示された商品の全体について大幅に値引きされているような表示を行う

など，実際と異なって安さを強調するものである場合には，一般消費者に販売価格が安いとの誤認を与え，不当表示に該当するおそれがある。」等として，その値引きが適用されるものが一部なのに，その全体が大幅に値引きされるような訴求も不当表示に該当するおそれがあるとされている（https://www.caa.go.jp/policies/policy/representation/fair_labeling/guideline/pdf/100121premiums_35.pdf　第6・1）。そこで，このような観点からも，実際には安い価格（例えば198円）が適用される対象がごく一部にすぎないにもかかわらず，まるで多くのものがその安い価格で買えるかのように誤解させるような訴求には問題がある。

　本問において，実際には100グラム198円なのはカツオのたたきだけである。しかし，「本マグロトロ，カツオタタキ，タイ刺身 100グラム 198円〜」という表記をしてしまえば，一般消費者は，本マグロのトロやタイの刺身も100グラム198円で買えると誤解してしまいかねない。そこで，「本マグロのトロ100グラム498円，タイの刺身100グラム298円，カツオのたたき100グラム198円」のように表記すべきである。

第4章

有利誤認

Q67 セット商品のチラシ

> セット商品のチラシを作成する段階においては，最終的に何がセットに組み込まれるか確定していないので，イメージ写真だけにして中に何を入れているかは特に説明しないという対応でも大丈夫でしょうか？

A

「このようなテーマのセット商品を売るつもりである」という告知をすること自体が直ちに違法ではありませんが，例えば，金額を1,000円として，明らかに合計1,000円を大きく超えるような商品の写真を提示して，「1,000円で買える」と宣伝しておきながら，実際にはそうではない商品を売るということは，仮に「イメージ写真」と明記したとしても，有利誤認の可能性は否定できませんし，仮に有利誤認を免れるとしてもあまり好ましくはないでしょう。

1 セット商品の告知方法

セット商品を販売する場合において，チラシを作成した段階ではまだ当日にセットで販売できるほど十分な数の商品が入荷するか分からない等の理由で，あくまでもイメージ写真のみを掲載し，詳細な商品説明を行わないことに関するニーズが実務上存在するようである。

確かに，その日にこういう方向性でセット商品を売ろうと思っている旨を告知すること自体は直ちに違法とは言えない。しかし，その具体的内容によっては有利誤認等の問題が生じ得る。

2 特に問題が生じる場面

例えば，イメージと言いながらも，一般消費者として写真の商品が何であるかを理解することができるようなものであれば，消費者は，概ねどの程度の価格のものを売るつもりかを想像してしまうだろう。例えば，その価格を合計すれば5,000円程度になる商品を詰め合わせた写真を示した上

で，「このようなイメージのセットを1,000円で売り出す」という趣旨の訴求をすれば，仮にその写真について「イメージ写真」と明記したとしても，消費者は，5,000円の商品が1,000円になると期待するだろう。実際には1,000円程度の商品を販売するのであれば，有利誤認の可能性は否定できない（なお，打消し表示につき，**基礎編Q69**を参照）。また，仮にそれがギリギリ違法ではなくても，クレームリスク（**基礎編Q91**）や，消費者を失望させ，信頼を失うリスクもあるだろう。

　適法かつ適切に対応するための1つの方法は，そのセットに何が入るかを明示する方法であり，そうでなければ，単にその日にこういう方向性でセット商品を売る予定であるが，詳細は別途告知する予定である旨を告知するに留めるべきだろう。後者の方法でも，そこで示される「方向性」と，実際の内容が明らかに異なる場合は問題になり得るものの，大まかな方向性を示した上で，具体的な内容が当該方向性の中で決まったら，別途具体的な内容（そのセットに何が入るか）を告知することはあり得るだろう（なお，この点につき**本書Q42**も参照）。

Q68 リンク

> 　オンラインショップで「送料無料」と銘打った上で，「詳しくはこちら」としてリンク先において例外的に無料とならない状況を説明することはできますか？

A

やめておきましょう。

　リンクについては既にQRコードについて**本書Q33**で述べたとおりあるが，オンライン上のリンクについて，本問を通じて，具体的に検討してみよう。

　本書Q33のとおり，リンクについては「消費者向け電子商取引における表示についての景品表示法上の問題点と留意事項」が消費者がクリックす

る必要性を認識させ，文字の大きさ，配色などに配慮し，明瞭に表示し，リンクを関連情報の近くに配置すべき等としている。そして，送料についても，例えば，送料を全国一律無料にした上で，配送に何日かかるかをエリアごとに説明するページにリンクを貼るといった対応は，このような留意点を遵守する限り，景表法上直ちに問題とならないところである（なお「物流の「2024年問題」と「送料無料」表示について」（https://www.caa.go.jp/policies/policy/consumer_policy/other/free_shipping/index.html）が，「消費者庁では，（略）運賃・料金が消費者向けの送料に適正に転嫁・反映されていくよう，「送料無料」表示の見直しに取り組んでまいります。」としていることにも留意が必要である。）。

　しかし，重要事項についてリンク先にのみ表示する場合，消費者がこれをクリックしないまま，有利だと誤解して取引に入ってしまうおそれがある。上記「消費者向け電子商取引における表示についての景品表示法上の問題点と留意事項」第1・2(2)は「「送料無料」と強調表示した上で，「送料が無料になる配送地域は東京都内だけ」という配送条件をリンク先に表示する場合，例えば，ハイパーリンクの文字列を小さい文字で表示すれば，消費者は，当該ハイパーリンクの文字列を見落として，当該ハイパーリンクの文字列をクリックせず，当該リンク先に移動して当該配送条件についての情報を得ることができず，その結果，あたかも，配送条件がなく，どこでも送料無料で配送されるかのように誤認されること」を問題のある事例としている。商品サイトで「送料無料」と強調表示をした上で，実際に送料が無料になる配送地域に限定がある旨をリンク先に表示するならば，消費者は条件が付されておらず，どこでも送料無料で配送されるかのように誤認しかねない。特にリンクの文字列が小さい場合にはその問題は大きい。また，「詳しくはこちら」だけであれば，それが本当に読む必要のある重要事項かわからない可能性もある。

　このような観点からは，少なくとも送料が無料か否かといった重要事項については，商品サイト上に明確に記載すべきであり，リンク先に記載すべきではない。

Q69 「初期費用無料」

> 入会金は無料だが，事務手数料が有料の場合に「初期費用無料」と書いても大丈夫でしょうか？ 「入会金無料」ならどうでしょうか？

A

初期費用は無料ではない以上，「初期費用無料」はダメです。「入会金無料」自体は事実なので，ただちにそう書いてはいけないとまでは言えませんが，別途要する費用等について，つまり事務手数料を払わなければならない旨を明瞭に表示すべきです。

第4章 有利誤認

事業者が自社が訴求したい一方でポイント（例えば価格が安いこと）を強調するものの，そうではない部分について明確に説明しない場合，その結果として，実際には総合的に見れば高いまたは安くはないにもかかわらず，消費者としては価格が安い，と誤解してしまうことがある。

そこで，「消費者向け電子商取引における表示についての景品表示法上の問題点と留意事項」第3・3は「「大幅値下げ」，「最低価格」，「初期費用無料」等，サービス料金の安さを強調する表示を行う場合には，安さの程度について具体的に表示するとともに，対象となる料金の範囲，期間，別途要する費用等を明瞭に表示する必要がある。」としている（https://www.caa.go.jp/policies/policy/representation/fair_labeling/guideline/pdf/100121premiums_38.pdf）。

例えば，実際には事務手数料を払わなければならないのであれば，初期費用は無料ではない以上，初期費用無料とは書くべきではない。そして，確かに入会金が無料だからと言って「入会金無料」という点だけを強調して事務手数料について明確に説明しなければ，消費者はまるで初期費用が無料であるかのように誤解しかねない。そのような費用を別途払わなければならないのであれば，その旨も明瞭に表示すべきである。

Q70 プレゼントに関する表示規制

> 通常は3種類のハンバーグが入ったセットが500円で，（当該セットに入っていない）チーズハンバーグが100円で売られています。今度「3種類のハンバーグセット600円　今だけチーズハンバーグをプレゼント！」という訴求をしようと思います。総付景品は20％又は200円までということで，100円のプレゼントは適法ということで良いでしょうか？

A

表示規制が問題となります。

1 景品規制

景品規制に関する限り，質問者の理解のとおりで，総付景品は20％又は200円の高い方（基礎編Q80）までの景品をつけることができる。そこで，景品規制に適合するという結論は妥当である。

2 表示規制

しかし，景品規制を遵守していることは表示規制を遵守していることを意味しない。

今回，チーズハンバーグを「プレゼント」として付すと称しているものの，実際にはそれは「プレゼント」ではなく，チーズハンバーグの価格も含んだ価格で販売している，つまりハンバーグ4個を定価で販売しているにすぎない。その様な実態であるにもかかわらず「今だけプレゼント」と称する結果として，消費者は，本来600円のものについて今回はプレゼント分だけ有利になっていると誤解するだろう。これは有利誤認の可能性がある。

なお，2022年7月29日には同種事案に関する措置命令も出ている（https://www.caa.go.jp/notice/assets/representation_220729_01.pdf）。

【☞基礎編のQも確認】Q80

Q71 手を替え品を替え行われるキャンペーン

「本日限定」と銘打って0:00-23:59までの期間限定のキャンペーンを実施します。毎日10%ポイント還元キャンペーンと10%オフキャンペーンを交互に実施すれば，確かに「翌日はそのキャンペーンはしていない」ので「本日限定」として訴求しても良いですよね？

A

ダメです。

このような記載は，そこで得られるものがポイント（本書Q58も参照）なのか，それとも値引きなのかはともかく，一般消費者に対し，「本日のみ10%安い」つまり，明日以降は高くなる（元の10%高い値段に戻る）と誤解させる記載である。

一方でこのような記載をしておきながら，実際には，翌日もまた同様のキャンペーンを実施するということであれば，その「本日のみ10%安い」という表示は事実と異なっており，消費者に有利であると誤解させるものと言える。そこで，そのような記載は不当表示（有利誤認）とされる可能性が高い。

なお，同様に，期限までに本件商品を購入した場合に限りプレゼントが提供されると思わせる「限定○月○日23：59まで」という記載につき，そのプレゼントが1-3日おきに繰り返し提供されていたとして，有利誤認を理由に措置命令が出ている（https://www.caa.go.jp/notice/assets/representation_220315_1.pdf）。なお，**本書Q51及びQ71**も参照のこと。

第4章
有利誤認

4　次善の策

　他人事のつもりで口を出すならば，理想論だけを述べれば良い。例えば，「本来こうあるべきだ」と述べた上で，「それをしなさい」というような論法である。しかし，そのような態度を取る法務は，果たして営業担当者等の相談者の信頼を勝ち取ることができるのだろうか？

　やはり，現実は理想と乖離するものである。そして，だからこそ，乖離した場合にどうするかこそが相談者としての重要な関心事項である。

　例えば，写真の撮影を依頼して，写真家から著作権の譲渡をしてもらったりライセンスをもらったりするのであれば契約書を作成すべきである（基礎編Q22等も参照）。そして，多くの場合，何らかの契約書を作成している。しかし，何らかの事情でどうしても契約書の作成を断られてしまった場合に，困った相談者が法務に相談したところ，法務が「契約書が必要です」と繰り返すだけであれば，相談者としてはどのように感じるだろうか。まさに「契約書が作成できないからこそ，どうすればいいか相談している，契約書を作成すべきことは百も承知だ」となるのではないか。

　まさにこのような場合には，「次善の策」を一緒に考えるのが信頼される法務である。状況によっては，契約書は無理でも，重要な条件（ライセンス等）について，メールで合意する等，契約書が作成できないような状況下で何かできることはないかという点を相談者と一緒に徹底的に考える。相談者に信頼されるためには，この姿勢が必要である。

第5章　表示その他（景表法5条3号等）

1　ステルスマーケティング

Q72 ステマ規制

> 　ステルスマーケティング（ステマ）規制について実務上留意すべきことを教えてください。

A

　消費者として，それが広告であることが分からなければ，警戒心を持たず，その内容を鵜呑みにしがちです。そこで，もしそれが広告（事業者による表示）ならば，その旨を明瞭に示させることとしたのがステマ規制です。第三者（例えばインフルエンサー）が行う表示内容について事業者が一定以上の関与をするのであれば，正面からそれが広告だと認め，広告であることが一般消費者にとっても明確にわかるようにする必要があります。実務上は①口コミの操作をするという考え自体をやめるべきであること，②怪しい場合には広告である旨を明瞭にして正面からPRするべきこと，③実態ベースで判断されることから，法務的な整理が実務においても担保されることを確保することの3点が重要です。

1　ステマ規制

　景表法5条3号は「（略）商品又は役務の取引に関する事項について一般消費者に誤認されるおそれがある表示であつて，不当に顧客を誘引し，一般消費者による自主的かつ合理的な選択を阻害するおそれがあると認め

て内閣総理大臣が指定するもの」を禁止される表示とする旨規定している。そして，基礎編が2022年7月に出版された後の2023年3月に，いわゆるステルスマーケティング規制に関する告示（「内閣総理大臣」の「指定」）として，「一般消費者が事業者の表示であることを判別することが困難である表示」（https://www.caa.go.jp/policies/policy/representation/fair_labeling/public_notice/assets/representation_cms216_230328_07.pdf）が公表された。その中で，2023年10月1日から「事業者が自己の供給する商品又は役務の取引について行う表示であって，一般消費者が当該表示であることを判別することが困難であると認められるもの」を5条3号に基づき禁止される表示とする旨を定めている。その結果，**基礎編Q101**の内容は本書が出版された2023年10月以降は**本書Q72及びQ73，Q74**の内容に差し替えられる必要があることに留意いただきたい。

2　ステマ規制の趣旨

　なぜステマが規制されるのだろうか。もしそれが広告，すなわち事業者の表示であれば，一般消費者はある程度の誇張・誇大が含まれると認識する。そこで，ある意味では眉に唾をつけて検討する。しかし，事業者の表示であるにもかかわらず，そのことが明瞭になっていない，いわゆるステルスマーケティング等の場合には，一般消費者は，そのような警戒をせず，これをいわば鵜呑みにしてしまうおそれがある。そこで，一般消費者の「自主的かつ合理的な選択を阻害するおそれがある」（景表法5条3号）ことからステルスマーケティングを規制することとしたものである（ステマ運用基準第1）。

3　ステマ規制の概要

　ステマ規制は具体的にどのような内容であろうか。この点については，既にステマ運用基準（https://www.caa.go.jp/policies/policy/representation/fair_labeling/guideline/assets/representation_cms216_230328_03.pdf）が公表されており，実務上は，これを参照することになる。すなわち，事業者が一定以上関与して表示を行う場合（企業がお金を払ってユーザやインフルエンサーに言わせるものを含むものの，お金を払う場合に限られないし，後述のとおり，金銭の授受や商品サービスの無償提供があったといって直ちに問題だというものではない。）には，

それが事業者の表示である旨を明瞭に伝えなければならないということである。以下の2要件を満たす表示が違法となる。すなわち，要件①事業者の表示に該当すること，及び，要件②一般消費者が当該表示であることを判別することが困難であることである。

4　要件①

要件①というのは事業者が表示内容の決定に関与したと認められる場合，つまり，客観的な状況に基づき，第三者の自主的な意思による表示内容と認められない場合である（同基準第2）。まず，事業者自らが表示をする場合が典型例として挙げられるところ，販売担当者等が表示をするのであれば当然これに該当する（同基準第2・1⑴イ㋐）。しかし，販売と全く無関係の末端従業員の販売促進目的ではない行為等はこれに該当しないことがある（同基準第2・1⑴イ㋑）。

次が，第三者，例えばインフルエンサーに行わせる表示であり，明示的に依頼する場合には通常事業者の表示に該当する。問題は明示的な依頼がない場合である。このような明示的依頼がない場合であっても，「客観的な状況に基づき，第三者の表示内容について，事業者と第三者との間に第三者の自主的な意思による表示内容とは認められない関係性がある」場合においては要件①が満たされ，事業者の表示となる。このような関係性は総合考慮によって判断される。すなわち，事業者と第三者との間の具体的なやり取りの態様や内容（例えば，メール，口頭，送付状等の内容），事業者が第三者の表示に対して提供する対価の内容，その主な提供理由（例えば，宣伝する目的であるかどうか。），事業者と第三者の関係性の状況（例えば，過去に事業者が第三者の表示に対して対価を提供していた関係性がある場合に，その関係性がどの程度続いていたのか，今後，第三者の表示に対して対価を提供する関係性がどの程度続くのか。）等の実態も踏まえて総合的に考慮し判断して，表示内容を決定したのが事業者と言える場合には要件①を満たす（同基準第2・1⑵イ）。

要件①を満たす場合の具体例としては，まず，事業者が第三者（例えばインフルエンサー）に対してSNSを通じた表示を行うことを依頼しつつ，自らの商品又は役務について表示してもらうことを目的として，当該商品又は役務を無償で提供し，その提供を受けた当該第三者が当該事業者の方針

117

や内容に沿った表示を行うなど，客観的な状況に基づき，当該表示内容が当該第三者の自主的な意思によるものとは認められない場合が挙げられる（同基準第2・1⑵イ㋐）。また，事業者が第三者に対し，自らの商品又は役務について表示することが，当該第三者に経済上の利益をもたらすことを言外から感じさせたり（例えば，事業者が第三者との取引には明示的に言及しないものの，当該第三者以外との取引の内容に言及することによって，遠回しに当該第三者に自らとの今後の取引の実現可能性を想起させること。），言動から推認させたりする（例えば，事業者が第三者に対してSNSへの投稿を明示的に依頼しないものの，当該第三者が投稿した場合における自らとの今後の取引の実現可能性に言及すること。）などの結果として，当該第三者が当該事業者の商品又は役務についての表示を行うなど，客観的な状況に基づき，当該表示内容が当該第三者の自主的な意思によるものとは認められない場合（同基準第2・1⑵イ㋑）にも要件①を満たす。

　なお，要件①は実態に基づき判断されるものであり，類型的に一律の判断をするものではない。例えば，商品無償提供やレビューに対するクーポンの提供，懸賞応募条件であっても，第三者が自主的な意思に基づく内容として表示を行うなら要件①に該当しない（同基準第2・2⑴イ，オ，カ）。（なお，アフィリエイト（基礎編Q102）とステマ規制については，同基準第2・2⑴ウを参照されたい。）。

5　要件②

　要件①に当てはまったら，その時点で違法なのではない。要件①に加え，要件②，つまり，一般消費者が当該表示であることを判別することが困難であることが満たされてはじめて違法になる。ステマは，一般消費者がそれが広告だということを認識することができないから問題となる。広告であることを明瞭に表示すれば良いのである。

　要件②が満たされる場合としては，事業者の表示であることが記載されていないものと事業者の表示であることが不明瞭な方法で記載されているものの双方が存在する（同基準第3・1）。前者の不記載の場合としては広告（事業者の表示）であることが全く記載されない場合や（同基準第3・1⑴ア），（実際には要件①を満たし，事業者による表示であるにもかかわらず，）アフィ

リエイトサイトに事業者の表示である旨が記載されない場合（同基準第3・
1(1)イ）等が含まれる。後者の，不明瞭な場合には部分的表示のみの場合
や（同基準第3・1(2)ア），広告と感想の双方が記載される場合（同基準第3・
1(2)イ），短時間しか広告である旨が表示されない場合（同基準第3・1(2)ウ），
表示内容がわかりにくいため，それが広告であることが理解しにくい場合
（同基準第3・1(2)エ〜ク）等が挙げられている。例えば，#PRハッシュタグ
1つをわかりやすいところに表示することで，要件②該当性を回避するこ
とができる（広告であると明瞭に表示できているので「ステマ」ではなくなる）可
能性はある。しかし，大量のハッシュタグの中に#PRタグを埋れさせたり，
紛れさせれば要件②を満たしてしまう（同基準第3・1(2)ク。同基準第3・2
(1)アも参照）。

　これに対し，放送におけるCM（同基準第3・2(2)ア）等，番組制作者が制
作する番組そのものと切り離されているものや，事業者自身の（公式）
SNSアカウント（本書Q117，Q118）を通じた宣伝（同基準第3・2(2)カ）等は
事業者の表示であることが明瞭だとされる。事業者のウェブサイト上にお
ける表示であれば，それが広告であることが明瞭に表示されると言える
（つまり要件②を満たさず適法である）ことが多い。しかし，専門家や一般消費
者等の第三者の客観的な意見として表示をしているように見える場合等で
あれば要件②を満たすと判断される可能性がある（同基準第3・2(2)オ(ア)）。

6　実務対応

　まず，「口コミを操作する」という発想をやめ，地道にその品質等をア
ピールするべきである。それが良いものであればプラスの口コミが広まる
はずで，そうではないのに口コミを装って評判が良いように見せかけるこ
とは許されない。この機会に広告をする上での基本姿勢として今一度この
点を再確認すべきである。

　次に，広告である旨を明示にして正面からPRすることは規制されてい
ない。広告の実態があるのにもかかわらず，そのことを隠すべきではない，
というのがステマ規制である。広告である旨が明瞭に分かるようにした上
で広告を行うことは，これまでも，そしてこれからも引き続き問題なく行
うことができる。SNS等でのマーケティングにおいて，過去微妙な対応が

あったということであれば，今後は広告であることを明確に表示すること
が考えられる。

　最後に，仮に第三者による表示を，自社の広告ではないと整理し，広告
である旨の明確な表示をしないこととするのであれば，実態として自社が
その内容決定に影響を及ぼしていないことを担保できるようにする必要が
ある。法務において，一定の前提を置いて適法と整理しても，その前提事
実と実態が異なってしまえば，ステマ規制違反の可能性が出てくる。そこ
で，法務としては実態が当初の想定から乖離しないことを担保するための
実務的方法を考える必要がある。

7　その他

　実務上の不明点は，まずはステマ運用基準に基づき検討し，それでもわ
からない場合，パブリックコメント（「「一般消費者が事業者の表示であることを
判別することが困難である表示」告示案及び「一般消費者が事業者の表示であることを
判別することが困難である表示」運用基準案に関する御意見の概要及び当該御意見に対
する考え方」（https://www.caa.go.jp/notice/assets/representation_cms216_230328_04.
pdf））を参照することになるだろう。

Q73 YouTuberの取材

　　飲食店がグルメ系YouTuberの取材を受け，配信される
動画の中で取り上げられることになりました。店を知って
もらう良い機会なのですが，2023年10月以降は番組に「広
告」を明記する必要があるということですか？

A

　必ずしも必要ではないでしょう。但し，正常な商慣習を超え
た取材活動等実態次第では必要となり得ます。

　本書Q72・2のとおり，ステマ規制は消費者として，それが広告であ
ることが分からなければ，警戒心を持たず，鵜呑みにしがちであることに鑑

み，もしそれが広告（事業者による表示）ならば，そうであることを明瞭に示させることとしたものである。

　そこで，広告ではなく，第三者の自主的な表示と言える場合（**本書Q72で**いう要件①該当性が否定される場合），及び明らかに広告だと分かる場合（**本書Q72でいう要件②該当性が否定される場合**）には，ステマ規制に違反しない。

　本問では，このうちの，広告ではなく，第三者の自主的な表示と言える場合かが問題となる。すなわち，ステマ運用基準第3・2(2)は「新聞・雑誌発行，放送等を業とする媒体事業者（インターネット上で営む者も含む。）が自主的な意思で企画，編集，制作した表示については，通常，事業者が表示内容の決定に関与したといえないことから，事業者の表示とはならない」とする。その具体例としては，正常な商慣習における取材活動に基づく記事の配信，書評の掲載，番組放送（事業者の協力を得て制作される番組放送も含む。）等が挙げられる（同運用基準第3・2(2)ア）。この点につき，**本書Q72・7**で言及したパブリックコメント51番において，消費者庁が，「「グルメガイドの書籍や，グルメのテレビ番組の企画」については，一般消費者は，取材対象者からの協力など何らかの関与があるものと認識することから，そもそも本告示の規制趣旨から，規制対象となるものではありません」と回答していることが重要と思われる。要するに，グルメ番組等は，一般消費者として，取材対象が一定の協力していることを理解しているものであり，上記のステマ規制の趣旨が当てはまりにくいということである。よって，通常はグルメ系YouTuberの取材を受け，その配信する動画の中で取り上げられたとしても，それだけでは要件①を満たさず，事業者（この場合には飲食店）の表示とならない。そこで，要件②に対する対応としての広告である旨の明記までは必要がないことが多い。

　但し，同運用基準第3・2(2)イは事業者が表示内容の決定に関与したとされる場合は，事業者の表示となるとした上で，その考慮要素として正常な商慣習を超えた取材活動等である実態が問題となるとした上で，具体的に問題となる場合（つまり，この場合においては，飲食店が表示内容の決定に関与したとして要件①を充足し得る場合）として，これまでの取引実態と比較して，事業者が媒体事業者に対して通常考えられる範囲の取材協力費を大きく超

えるような金銭等の提供，通常考えられる範囲を超えた謝礼の支払等が行われる場合を例示する。要するに，一般消費者としてグルメ番組というのは，飲食店から一定の協力を受けた上で，最終的には番組制作者が自主的な意思で企画，編集，制作したのだろう，と考えるものである。そこで，飲食店がそのような通常行われる一定の協力の範囲内の協力をすること自体は，ただちに問題とはならない。しかし，それを超えて，例えば，通常考えられる範囲の取材協力費を大きく超えるような金銭等の提供や，通常考えられる範囲を超えた謝礼の支払等が行われ，もはや実質的には飲食店を宣伝するCMのようなものになっているとすれば，上記の一般消費者の理解を踏まえれば，一般消費者の誤認を招きかねないので，**本書Q72の要件①を充足し，広告である旨を明瞭にしなければ違法となる可能性がある。**だからこそ，一定の取材協力を行うとしても，通常の取材協力の範囲内にとどめるべきである。

Q74 コラボ動画

> 有名YouTuberとコラボをしてプロモーション動画を配信します。どのような点に留意すべきですか？

A

自社のプロモーションをしてもらうということであればステマ規制の適用対象である（本書Q72の要件①を満たす）可能性が高いと思われます。その場合，事業者の表示であることを明瞭に記載すべきであり，特に長い動画であればその冒頭と末尾だけにおいてその旨を表示したのでは足りない可能性があることに留意しましょう。

1　事業者の表示該当性

本件では，YouTuberが自主的に番組を制作する場合（本書Q73）ではなく，むしろ，事業者がYouTuberに依頼してその商品やサービスを宣伝し

てもらう場面と理解される。そして，実態がそのような，YouTuberにおいて事業者の広告を行うものなのであれば，YouTubeがSNSの1類型であるかはともかく「事業者が第三者に対して当該第三者のSNS（ソーシャルネットワーキングサービス）上や口コミサイト上等に自らの商品又は役務に係る表示をさせる場合」（ステマ運用基準第2・1⑵ア㋐）かそれに類する場合として，ステマ規制の適用対象となる（本書Q72でいうところの要件①を満たす）だろう。

2　事業者の表示であることを明瞭にする方法

　本書Q72でいうところの要件①該当性が否定できなければ，本書Q72でいうところの要件②該当性を回避するため，一般消費者にとって事業者の表示であることを明瞭にしなければならない。ここで，通常は，それが広告企画である旨を表示することが必要になるものの，単にその旨を表示さえすれば良い（本書Q72の要件②該当性を回避し，適法となる）というものではない。同運用基準では，「事業者の表示であることが不明瞭な方法で記載されているもの」も問題（本書Q72の要件②に該当する）」としているところ，「動画において事業者の表示である旨の表示を行う際に，一般消費者が認識できないほど短い時間において当該事業者の表示であることを示す場合（長時間の動画においては，例えば，冒頭以外（動画の中間，末尾）にのみ同表示をするなど，一般消費者が認識しにくい箇所のみに表示を行う場合も含む。）。」（同運用基準第3・1⑵ウ）も，広告であることが不明瞭であって，要件②を満たすとされていることが重要と思われる。なお，本書Q72・7で言及したパブリックコメント145番では「「長時間の動画」については，例えば，典型的な事例としては，数十分の動画については，冒頭を飛ばして動画を閲覧する一般消費者も考えられるところ，動画の途中にも事業者の表示であることを明示するよう本運用基準において記載しているところです。」ともされている。要するに，動画は冒頭しか見ない人もいるので，動画の冒頭以外だけに表示されると，広告であることが不明瞭となる。また，長い動画で冒頭だけに表示すると，冒頭を飛ばす人もいるので，そのような人にとっては広告であることが不明瞭になる，ということである。このような観点を踏まえて明瞭に広告である旨を表示することが必要である。

2　原産国

原産国表示

> 　原産国の表示が間違っていても，別にその商品がその原産国の特産品として有名なものでなければ問題ないですよね？

A

　問題があります。

　景表法5条3号は「（略）商品又は役務の取引に関する事項について一般消費者に誤認されるおそれがある表示であつて，不当に顧客を誘引し，一般消費者による自主的かつ合理的な選択を阻害するおそれがあると認め」たものを告示の形で指定することができるとする。そして，「商品の原産国に関する不当な表示」（昭和48年10月16日公正取引委員会告示第34号（https://www.caa.go.jp/notice/assets/representation_210903_01.pdf））は，商品の原産国に関する不当な表示を指定している。外国で生産された商品については，2項が，原産国以外の国名等が表示され，その原産国で生産されたことを一般消費者が判別することが困難であると認められるもの等を不当表示としている。

　ここで，例えば，フランスのワインや中国の紹興酒のように，その原産国の特産として消費者の間に広く知られていれば，実際にはそのような国で生産されたものではないにもかかわらず，あたかもそこで生産されたような虚偽の表示をすることに景表法上問題があることは容易に理解できるところである。

　しかし，例えばTANNEN KIRSCH（タンネン キルシュ）と称する（ドイツ語の製品名の）ブランデーについて，原産国をメキシコ産と表示していたが，実際はドイツ産だったというような，いわば誤記とも解し得るようなもの

を含む表記についても,「商品の原産国に関する不当な表示」2項違反と
されている。だからこそ,原産国の表示については,慎重に対応すべきで
ある（なお,国旗の利用につき**本書Q115**を参照。）。

3　おとり広告

Q76　「売り切れごめん」との注記によりおとり広告を免れられるか

> 「売り切れごめん」とさえ注記していれば,商品を当日に
> 全く準備しなくても大丈夫ですか？

A

　特定の日において,営業時間中一切提供せず,又は提供する
準備ができていなければおとり広告該当性は否定できません。

　景表法5条3号に関する告示の1つとして,「おとり広告に関する表
示」（全部変更　平成5年4月28日公正取引委員会告示第17号）があげられる。同
告示は,例えば,「取引の申出に係る商品又は役務について,取引を行う
ための準備がなされていない場合その他実際には取引に応じることができ
ない場合のその商品又は役務についての表示」を景表法5条3号の表示と
する（同告示1号）。
　そして,特定の日において営業時間中一切商品の提供を停止したり,提
供の準備ができていないのであれば,それは「取引を行うための準備がな
されていない場合その他実際には取引に応じることができない場合」であ
る。ここで問題は,「売り切れごめん」と注記することで,消費者として
購入できない可能性もあると認識させれば,おとり広告該当性を否定でき
るのではないか,という点である。この点につき,「売り切れごめん」と
明示していたにもかかわらず,表示内容として,あたかも特定店舗で特定
商品を提供するかのように表示していたとして,実際には提供がされな

かったことをもって景表法違反とした事例が存在する（https://www.caa.go.jp/notice/assets/representation_cms208_220609_01.pdf）。「売り切れごめん」と記載している場合，消費者は，商品を提供するものの，提供される商品の数に限りがあると理解するだろう。そこで，少なくとも，商品が全く提供されない場合にこれが違法なおとり広告になることは間違いないだろう。

Q77 インターネット回線のおとり広告

> 　地域全てのマンションのポストに「お宅のマンションは高速インターネットが利用可能です」とのチラシを配布するものの，全てのマンションが高速インターネットの条件を満たしているわけではないので，チラシを見て申し込みがあった時点で高速インターネットを利用できるか確認しても良いでしょうか？
> 　それだけでは問題があるということであれば，いわば打消し表示として，「マンションタイプ未設置の場合は，ファミリータイプ設備もしくは工事不要タイプのご案内をしております。」と表示すれば良いでしょうか？

A

おとり広告に該当し得るのでダメです。

　表示した（実際には利用できない）商品または役務に関心を持つ消費者を誘引した上で自己が実際に販売する他の商品または役務を売り付けることが問題であるとしておとり広告が規制されている（『景品表示法』171頁）このチラシの趣旨は，もし当該チラシが現に配布されたマンションにおいて，高速インターネットが利用可能であれば，高速インターネットサービスを提供するものの高速インターネットが利用不可能であれば，高速インターネットではなく，別のサービスを売りつけようというものと理解され，まさにおとり広告規制の趣旨が当てはまる。高速インターネットが利用不可

能なマンションとの関係で，高速インターネットが利用可能と表示することは「取引の申出に係る商品又は役務について，取引を行うための準備がなされていない場合その他実際には取引に応じることができない場合のその商品又は役務についての表示」（「おとり広告に関する表示」1号）と言わざるを得ず，違法である。

なお，類似事案においては，「マンションタイプ未設置の場合は，ファミリータイプ設備もしくは工事不要タイプのご案内をしております。」と表示していた。しかし，当該表示は，一般消費者が上記から受ける認識を打ち消すものではないとして，このような打消し表示（**本書Q35及びQ54，Q60，Q65，基礎編Q69参照**）があってもなおおとり広告とされたことに留意すべきである（https://www.caa.go.jp/notice/assets/representation_210602_02.pdf）。

Q78　店舗ごとに準備している個数が異なる場合とおとり広告

　チェーン店でキャンペーンをする際，一番大きい店舗では期間中に最大1万人の来店が想定されるので100個商品を用意しますが，小さい店舗は1,000人未満と予想されるので，10個のみ用意します。「【目玉商品】XをなんとY円でご提供！各店舗100個（最多）限定」と，100個が「最多」であることを明記すれば問題ないですよね？

A

10個しか提供されていない店舗がある以上，そのような最多の「100個」のみを表示するにとどまることには問題があります。

本書Q76及びQ77で述べた，表示した商品または役務に関心を持つ消費者を誘引した上で他の商品または役務を売りつけることを規制するというおとり広告規制の趣旨（『景品表示法』171頁）からすると，広告に「100個」という数字しか記載されていなければ，10個しか用意していない店舗についても，100個残っているのではないかとして来店してしまう人も出てく

るかもしれない。そこで、「「おとり広告に関する表示」等の運用基準」第2・2－(3)では、「単一の事業者が同一の広告、ビラ等においてその事業者の複数の店舗で販売する旨を申し出る場合においては、原則として、各店舗毎の販売数量が明記されている必要がある。」とされている（https://www.caa.go.jp/policies/policy/representation/fair_labeling/guideline/pdf/100121premiums_31.pdf）。すなわち、原則として、店舗ごとに個数が違えば、例えば、A店舗100個、B店舗100個というように、それぞれの個数を明記すべきである。

　ここで、多数の店舗が存在する場合、そのような個別の記載が現実的ではない、という場合もあろう。この点について、上記運用基準第2・2－(3)は「広告スペース等の事情により、各店舗毎の販売数量を明記することが困難な場合には、当該広告、ビラ等に記載された全店舗での総販売数量に併せて、店舗により販売数量が異なる旨及び全店舗のうち最も販売数量が少ない店舗における販売数量の表示が必要である」とする（消費者庁の表示に関するQ＆A36（https://www.caa.go.jp/policies/policy/representation/fair_labeling/faq/representation/#q36）も参照）。

　そこで、仮に個々の店舗の販売数量を記載することが困難なのであれば、最多の店舗では100個であるが、店舗により販売数が異なり、最も少ない店舗では10個しか販売しない旨を明確に記載すべきである。

4　景表法以外の表示規制

Q79 ミリンへの20歳未満禁止との表示

　お酒は20歳未満禁止と表示しますが、ミリンについて20歳未満禁止と表示しなくて良いのですか？

　調味料なので表示しなくても大丈夫です。

　酒税の保全及び酒類業組合等に関する法律86条の6第1項は「財務大臣は（略）酒類の取引の円滑な運行及び消費者の利益に資するため酒類の表示の適正化を図る必要があると認めるときは，酒類の製法，品質その他の政令で定める事項の表示につき，酒類製造業者又は酒類販売業者が遵守すべき必要な基準を定めることができる。」とする。そして，同項に基づき定められた「二十歳未満の者の飲酒防止に関する表示基準を定める件」（https://www.nta.go.jp/taxes/sake/hyoji/miseinen/kokuji891122/01.htm）1は「酒類の容器又は包装（以下「容器等」という。）には，「20歳未満の者の飲酒は法律で禁止されている」旨を表示するものとする。」と定める。しかし，同3(3)は「調味料として用いられること又は薬用であることが明らかであるもの」については容器等に「20歳未満の者の飲酒は法律で禁止されている」旨を表示する義務が課せられないとする。よって，ミリン等の調味料については，このような表示義務は課されない。

Q80 酒を含む菓子

　酒を含む菓子として例えばウイスキーボンボンやラム酒入りチョコレートがありますが，このような菓子を新発売する場合の表示上の留意点は何ですか？

A

　液体でなければアルコール分を含有していても酒税法の「酒類」に該当しません。しかし，子どもが誤って食べるような状況を回避するための措置を講じるべきです。

　酒税法2条1項は，「酒類」を，「アルコール分1度以上の飲料」と定義する。そして，チョコレート，飴等の菓子類は，一般的には「飲料」とは考えられないため「酒類」に該当しない（https://www.nta.go.jp/taxes/sake/qa/05/32.htm）。よって，酒類に関する表示規制（本書Q79参照）は基本的には菓子には適用されない。（なお，二十歳未満ノ者ノ飲酒ノ禁止ニ関スル法律（旧

未成年飲酒禁止法）も「二十歳未満ノ者ハ酒類ヲ飲用スルコトヲ得ス」（1条1項）と規定している。）。

　もっとも，当該お菓子にアルコール分が含まれていることを知らないで子どもが普通のお菓子だと思って食べて酔っ払ってしまう等の状況を避けることが，クレームリスク（**基礎編Q91**）の観点から望ましい。実際，チョコレート業界においては，全国チョコレート業公正取引協議会が「チョコレート類の表示に関する公正競争規約」30条で，アルコール分が1％以上含まれる商品に関する表示ルールを規定している。

　それが飲料であれ，菓子であれ，子どものアルコール摂取の弊害を避けるという観点からは，このようなルールを参考に，明確にアルコールが含まれることがわかるような表示とすべきである。特に新商品の場合，既に長く流通してきた商品と異なり，そのような商品にアルコールが含まれるという社会通念が醸成されていないと思われるので，そのような観点からもより明確に表示した上で，小売店に対しても（アルコール入りと告知してもらう等）販売上の配慮を求めること等が望ましい。

【☞基礎編のQも確認】Q91-Q93

Q81 許可の範囲を逸脱した特別用途食品と優良誤認

> 　特別用途食品として消費者庁長官の許可を受け，その旨を表示していたところ，品質管理の問題で，その許可の範囲外の成分量の製品を販売してしまいましたが，景表法上の問題はありますか？

　あります。

　健康食品については**基礎編Q112**で述べたところである。そして，特定用途食品は乳児用，幼児用，妊産婦用，病者用等の特別の用途に適する旨を内閣総理大臣の許可を受けて表示することができる食品である。

　本問では，品質管理の問題があり，許可の範囲を逸脱している。その結果としてもちろん，健康増進法の問題（例えば同法62条の許可取り消しの問題）は存在するものの，ここでは景表法の問題に限定して検討していこう。

　特別用途食品であれば，例えば，「消費者庁許可特別用途食品　病者用低たんぱく質食品　腎不全患者用」といった表示が可能であるところ，許可の際に申請書に「商品名，原材料の配合割合及び当該製品の製造方法，成分分析表，許可を受けようとする特別用途表示の内容」（同法43条2項）が記載され，そのような申請書の内容を踏まえて許可されている。

　だからこそ，例えば上記で腎不全患者用の低たんぱく質食品というような，あたかも許可要件を満たしているような表示をすることができるのは，当然のことながら，その商品が上記の申請書記載内容等と一致し，許可要件を現に満たしている商品であることが前提となる。そうであるにもかかわらず，食品の製造工程で品質管理が十分になされていなかったため，当該食品について申請書記載内容と異なる成分等になっていた，ということであれば，そのような食品について腎不全患者用の低たんぱく質食品等と表示することは優良誤認となり得る。同様の事案を優良誤認として措置命令を行った事例が公表されている（https://warp.ndl.go.jp/info:ndljp/pid/12901284/www.caa.go.jp/policies/policy/representation/fair_labeling/pdf/fair_labeling_171019_0001.pdf）。

【☞基礎編のQも確認】Q112

Q82 疾病予防等に関する訴求

> スーパーの鮮魚コーナーで,「魚介類を食べよう」キャンペーンを行い,魚介類に含有される栄養成分として,タコにはタウリンが含まれ,タウリンとはこのような栄養成分である,イワシにはEPAが含まれ,EPAとはこのような栄養成分である等と説明するPOPを表示しても大丈夫ですか?

A

その限りでは直ちに問題とならないと考えられますが,現場では疾病予防等につなげた訴求をしようとする傾向が見られます。そこで,そのような現場における許容範囲を超える対応を防止することが担保できていない状況では,消極的に考えるべきです。

薬機法上,未承認医薬品の広告が禁止されている(薬機法68条。基礎編 Q110)ところ,ある広告対象の商品が医薬品と言えるかについては成分本質(原材料),形状(剤型,容器,包装,意匠等をいう。)及びその物に表示された使用目的・効能効果・用法用量並びに販売方法,販売の際の演述等を総合的に判断するとされている(令和2年3月31日薬生発0331第33号「医薬品の範囲に関する基準の一部改正について」前文)。その上で,まず,専ら医薬品として使用される成分本質(原材料)が配合・含有され,含有されていると謳われていれば原則として医薬品とされ,また,そうでなくても,①医薬品的な効能効果を標ぼうするもの,②アンプル形状など専ら医薬品的形状であるもの,又は③用法用量が医薬品的であるものであれば医薬品とみなされる(同前文II)。これに対し,「野菜,果物,調理品等その外観,形状等から明らかに食品と認識される物」であれば原則として,通常人が医薬品としての目的を有するものであると認識しないものと判断して差し支えないともされている(同前文但書1)。

　本件では，単なる鮮魚コーナーの魚介類（タコ，イワシ等）であるから，「その外観，形状等から明らかに食品と認識される物」である。そして，説明があくまでも，栄養成分の一般的な説明であり，それを持って通常人が医薬品としての目的を有するものであると認識する場合にはならないのであれば，このようなPOPを利用するというだけである限り，直ちには未承認医薬品の広告とはみなされないだろう。

　しかし，実務上，現場ではPOPの文言の訴求力を向上しようとして，健康，疾病予防，そして疾病からの回復等の効果につなげた文言としようとする傾向が見られる。そのような現場における許容範囲を超える対応を防止することが担保できていない状況であれば，消極的に考えるべきではなかろうか。特に，本問の状況とは異なるものの，インターネット上の記事風広告について，一方で特定の成分が疾病治療効果がある等と表示した上で，他方で，特定の食品等（そのような効果効能を表示できないもの）にその成分が含まれると宣伝するものについて（当該食品等に当該効果効能があるとまでは述べていなくても），一般の消費者の観点からこの２つの情報が１つの広告とみなされ，当該食品等に当該効果効能があると標榜したとして，薬機法違反とみなされる可能性があるとされていることには十分に留意が必要である（https://www.hokeniryo.metro.tokyo.lg.jp/anzen/iyaku/sonota/koukoku/huteki/zenpan/kigihu.html）。

【☞基礎編のQも確認】Q110

5 表示その他

Q83 移籍者に関する表示

> 塾のチラシに新しい講師の経歴としてライバル塾である大手B（Bが大手であることは争いがないものとします）における勤務経験を記載してよいですか。「大手B塾の人気講師が移籍した」と書くのはどうですか，塾名を具体的に記載せず「大手塾」だけであれば問題ないですか？

A

　B塾に2020年から2023年まで在籍していた程度の記載や，塾名を記載せず，大手塾から移籍した講師である等の記載は大きな問題がない可能性があります。「人気（講師）」という記載もそれが実証されていればあり得るかもしれません。なお，仮に違法ではないとしても，上記を超えたニュアンスをどこまで出すかはクレームリスク等を踏まえ，慎重に検討すべきでしょう。

1　はじめに

　移籍の事実を告知するにあたり，B塾という名称をどこまで利用できるかについては，商標法の問題がまず重要である（下記2参照）。また，「人気」との記載につき，景表法の問題がある（下記3参照）。加えて，A塾とB塾間の対立をいたずらに煽るような広告になっていればクレームリスク（基礎編Q91）についても検討が必要である（下記4参照。なお，B塾との契約上，競業避止義務が掛かることがあるが，広告法の問題ではないため，検討から除外する。）。

2　商標法

　まず，商標法については，商標的使用（本書Q25及びQ26，Q29，Q33，基礎編Q30）が問題となる。すなわち，単に当該講師がB塾に過去在籍したことがあると表示するだけであれば，それは単なる経歴の表示にすぎず，その

塾のサービスがB塾によるサービスであること（商標権者であるB塾が出所であること）を示すものではなく，商標の本来の機能は果たされていない。そこで，B塾の名称を記載せず「大手塾」とする場合はもちろん，仮に「B塾」と明記するとしてもB塾に2020年から2023年まで在籍していたという程度である限り，商標権侵害の可能性は低いと思われる。

3　景表法

次に，「人気」と記載した以上，それが実証されていなければ，優良誤認（本書第3章，基礎編Q62以下）の可能性がある。「人気」といえるだけのアンケート等の客観的根拠による裏付け等がどこまであるかが問題となるだろう。なお，塾の場合には特殊性があるが，一般に「勤務」と書きながら，正社員ではなくインターン，ボランティア，アルバイトだった等という場合にも問題が出てくる可能性がある。

4　クレームリスク

以上の検討の結果，B塾という表示が法律上は適法となるかもしれない。但し，具体的な状況にもよるが，A塾とB塾の対立をいたずらに煽るような広告になっていれば，そのような広告施策を本当に実施するかについてはクレームリスクも踏まえて検討する必要があるだろう（基礎編Q91）。単なる経歴としての表示や，B塾の名前を出さない方法等も含めて慎重に検討すべきである。

【☞基礎編のQも確認】Q30，Q62，Q65

Q84　グリーンウォッシュ

> グリーンウォッシュとは何ですか？　広告法上問題となりますか？

A

本当は環境によいわけではないのに，環境によいとアピールすることです。『表示規制』に加え，『クレームリスク』も問題となります。

近時では，環境に良い商品であるか否かという点に対して消費者の関心が高まっている。そこで，広告においても環境に良いという趣旨の訴求の重要性が高まっている。しかし，その結果として，グリーンウォッシュと呼ばれる，本当は環境に良いわけではないのに環境に良いとアピールする事象が頻繁に見られるようになっている。以下，表示規制とクレームリスクについて簡単に説明しよう。

1　表示規制

　例えば，本当は環境に良くない，ないしは一定程度環境に良いとしても，少なくとも吹聴する程に環境には良いわけではないのにもかかわらず，「環境に良い」と広告でアピールするというのは商品が著しく優良だと誤認される表示となり得ることから，優良誤認（**本書第3章**参照）の問題がある。前述のとおり，近時の消費者は，環境への影響を商品・サービス購入の判断基準としているため，環境に対して特定の程度の好影響があるとしながら，好影響が存在しない，または好影響が説明された程度のものではないとすれば，それが優良誤認とされる可能性がある。

　例えば，2022年12月23日の公表事例（https://www.caa.go.jp/notice/assets/representation_cms207_221223_01.pdf）によれば，例えば「3ヶ月で土に還る」等の生分解性があって環境に優しい等という趣旨のカトラリー，ストロー，カップ等に関する広告につき，それを実証する当該表示の裏付けとなる合理的な根拠を示すと認められる資料が提出されなかったことから，優良誤認とみなされている（景表法7条。**本書Q34**以下及び**基礎編Q65**も参照）。

　なお，電気は電気であって，再生エネルギーでもそうでなくても同じものだとしても，本当は再生エネルギーではないにもかかわらず，それが，再生エネルギーである旨の虚偽の表示をすることは不当表示となり得ることにも留意が必要である（『景品表示法』81頁）。

2　クレームリスク

　このような点に加え，環境に関する虚偽の表示をするといった明らかな違法行為ではなくても，「環境問題に取り組んでいる」というアピールがただのポーズだと批判されることが増加している。例えば，Aという環境に良いプロジェクトを行っていることを大々的にアピールしている会社が，

同時にBという環境破壊プロジェクトも行っているといった場合には，環境保護団体等から，Bというプロジェクトを積極的に推進する環境破壊企業が，Aの話ばかりを強調してまるで環境に優しい企業かのように装うのはグリーンウォッシュだ等として批判されるクレームリスク（**基礎編Q91**）に留意が必要である。

Q85 ダークパターン

　ダークパターンとは何ですか？　広告法上問題となりますか？

A

　消費者が気付かない間に不利な判断・意思決定をしてしまうよう誘導する仕組みとなっているウェブデザインです。日本法上，包括的なダークパターン規制はまだ存在しませんが，有利誤認等，既存の法令に違反するものもあります。

　ダークパターンは一般的に，消費者が気付かない間に不利な判断・意思決定をしてしまうよう誘導する仕組みとなっているウェブデザインなどといわれている（消費者庁景品表示法検討会「報告書」37頁（https://www.caa.go.jp/policies/policy/representation/meeting_materials/review_meeting_004/assets/representation_cms212_230302_01.pdf）。なお，OECD消費者政策委員会は，「ダークコマーシャルパターン」について，当面の議論を容易にするための実用的な定義（working definition）として，「デジタル選択アーキテクチャの要素，特にオンライン・ユーザー・インターフェースを使用し，消費者の自律性，意思決定，選択を失わせたり，損なったりするようなビジネスの手法（「Dark commercial patterns」（2022年10月〔16頁〕）という表現を用いている。）。一見安そうに見えるが，実は定期購入であると言ったもの，まだ最終確認の段階だと思わせておきながら実際にはそれが購入ボタンとなっているもの，解除権の行使を困難とするもの等がダークパターンの例として挙げられている（松尾剛行「情報化社会と法」法

学セミナー2022年 4 月号（807号）20頁，特に23頁以下参照）。

　ここで，一部のダークパターンは既に現行法上の規制対象である。例え
ば，「残り○分」等と，あたかもその後の短期間のみに適用されるお得な
取引条件であるかのように表示しているが，実際には当該期間経過後も同
じ条件が適用されるものについては，現行の景表法の有利誤認として規制
し得ると指摘される（同報告書37頁。なお，**本書Q71**も参照。）。そこで，決して
ダークパターンは現行法上適法だ，ということではない（**本書Q86**でも具体
的な事案を例にダークパターンについて検討している。）。

　とはいえ，ダークパターンとして問題視されるものの一部については現
行法上規制が及んでいないものが含まれることも事実であり，例えば，解
約権行使を困難にすることは景表法（**本書Q86参照**），特商法及び消費者契
約法等において一定範囲で規制されているが，包括的な規制の対象とまで
はなっていない。景表法の表示規制の観点からすると，不当な行為であっ
ても，それが「表示」の問題とは言いがたい場合においてどこまで規制を
及ぼすことができるかは悩ましいところである。そして，上記報告書は国
際的な議論状況や理論的な研究の深まり等を引き続き注視していく必要が
あると考えられるとしているので（同報告書37-38頁），2023年内等の短期の
スパンでの規制は想定されない。しかし，ステルスマーケティング規制が
導入された（**本書Q72−74**）ように，今後包括的なダークパターン規制が導
入される可能性自体は否定できない。この点に加え，広告会社としては
ダークパターンとして批判されるような広告に関与すべきではない（**基礎
編Q91参照**）。

Q86 解約権行使妨害（ダークパターン）

> 　商品の定期購入契約について「1ステップでいつでも解約」と表示しても，実際に営業時間中はいつでも電話で解約を受け付けている限り問題ないですよね？

A

電話がつながりにくかったりすると問題があります。

　本書Q85のとおり，いわゆるダークパターンとして，継続購入契約等において，消費者が解約をしにくくするものが挙げられている。そして，**本書Q85のとおり，ダークパターンはまだ包括的に規制されていないものの，景表法の規制対象となり得る。本書Q85では有利誤認規制を例示したところであるが**，これに加え，特定のダークパターンがその表示において一般消費者を実際と異なり著しく優良であるように誤認させるものであれば，優良誤認規制（**本書第3章参照**）が適用され得る。

　実際に本問類似の事案において，いつでも好きな時に「1ステップで解約できます」等と広告では記載されていたものの，解約の手段は電話に限られ，平日午前10時から午後5時までに申出せねばならず，その電話もつながりにくく，売買契約を容易に解約できないものであったことをもって優良誤認とした事例が公表されている（https://www.pref.saitama.lg.jp/documents/121293/news20190820.pdf）。

第5章　表示その他

Q87 買取サービス

> 書籍の買取に関する宣伝については，それが「買取」である以上，販売ではなく仕入れですから，景表法は適用されませんよね？

A

それが「買取サービス」，つまり，消費者が保有する物品を鑑定等して，それを現金に変えるという役務を供給するものであれば，景表法は適用されます。

1 事業者が自己の供給する商品又は役務の取引

景表法2条4項は「この法律で「表示」とは，顧客を誘引するための手段として，事業者が自己の供給する商品又は役務の内容又は取引条件その他これらの取引に関する事項について行う広告その他の表示であつて，内閣総理大臣が指定するものをいう。」とし，同法5条柱書は「事業者は，自己の供給する商品又は役務の取引について，次の各号のいずれかに該当する表示をしてはならない。」とする。このように「自己の供給する商品又は役務の内容又は取引」に関する表示が景表法の表示規制の対象である。

また，「不当景品類及び不当表示防止法第2条の規定により景品類及び表示を指定する件」1項柱書本文は「不当景品類及び不当表示防止法（以下「法」という。）第2条第3項に規定する景品類とは，顧客を誘引するための手段として，方法のいかんを問わず，事業者が自己の供給する商品又は役務の取引に附随して相手方に提供する物品，金銭その他の経済上の利益であつて，次に掲げるものをいう。」とする。ここでも「自己の供給する商品又は役務の取引」に付随する景品等が問題とされている。

2 仕入れは「供給」ではない？

ここで，基礎編Q72において「自己が商品等の供給を受ける取引（例えば，古本の買入れ）は，「取引」に含まれない（定義告示運用基準3(4)）」と述べたところであり，執筆時点（2023年9月）において，この記述の根拠となっ

た定義告示運用基準3(4)は改正されていない。

3 買取サービスに関する議論の進展

　もっとも，基礎編刊行後の令和5年1月に「景品表示法検討会報告書」（https://www.caa.go.jp/policies/policy/representation/meeting_materials/review_meeting_004/assets/representation_cms212_230302_01.pdf）が公表された。

　その中では「買取りサービスに係る考え方の整理」として，「景品表示法において，規制対象となるのは，「事業者が自己の供給する商品又は役務の取引」について表示をする行為であるところ（第2条第4項，第5条），買取りサービスについて，単なる仕入れではなく，「消費者が保有する物品を鑑定等して，それを現金に変える」という「役務」を「供給」していると認められる場合には，「自己の供給する（商品又は）役務の取引」に含まれると考えられる。この場合，現に一般消費者に誤認を与える不当顧客誘引行為が行われるときには，現行の景品表示法によって規制可能である。」という見解が示された（景品表示法検討会報告書25頁）。要するに，単なる仕入れについてはなお現行法上景表法の対象外であるが，その実態が「消費者が保有する物品を鑑定等して，それを現金に変える」サービスの提供だと言える限りは景表法の対象だという解釈が公表されたものである。今後，上記定義告示運用基準が改訂される可能性があることに留意が必要である。

Q88 無償取引

　金銭が授受されない無償取引であれば，景表法は適用されませんよね？

A

　そう簡単な話ではありません。金銭授受がなくても対価性があるとされる場合には景表法は適用され得ますし，近時では，無償取引を正面から景表法の（表示）規制の対象とすべきという議論も有力に主張されています。

1　はじめに

本書Q87で述べたように，表示規制や景品規制は取引に関する表示や取引に付随する景品に対して適用される。ここでいう取引の典型例は有償取引である。しかし，取引に無償取引は含まれるのだろうか。近時，無償サービスとみられ得るビジネスに対する処分事例が公表されたこと等，無償取引に関する議論の進展がみられる。そこで，この問題を以下検討しよう。

2　無料であれば「取引」に付随しないという解釈

インターネット上の取引と「カード合わせ」に関するQ&A4は「景品表示法上，「取引」とは，対価を得てするものと理解されている。したがって，利用者が対価を求められることが一切ない（利用者に対する課金が一切なされず，100％無料でプレイできる）オンラインゲーム上の行為について，景品表示法の景品規制が適用されることはないと考えられます。」(https://www.caa.go.jp/policies/policy/representation/fair_labeling/faq/card/#q4) とする。

また，景品に関するQ&A15は「懸賞応募の条件として，商取引のための無料の会員登録をすることを求めたとしても，通常，これだけで取引に付随する経済上の利益の提供に該当することはありません」(https://www.caa.go.jp/policies/policy/representation/fair_labeling/faq/premium/introduction/#q15) とする（景品に関するQ&A16，17等も参照）。

3　上記の考えと異なる立場を示唆するもの

これに対し，定義告示運用基準3(3)は，銀行と預金者との関係を取引に含まれるとし，全国銀行公正取引協議会の景品規約に関する照会事例20は，「預金残高の条件を設けなければ，基本的には，取引を条件とするが取引価額が確定しない場合にあたるため，取引価額は100円となる。したがって，クローズド懸賞であれば2,000円までの景品，総付景品であれば，景品規約施行規則第2条により，1回につき1,500円以内の景品を提供することができる。なお，普通預金取引において通常行われる「最低」の取引額が100円を超えるのであれば，その額を取引価額とすることができるが，既存預金者の「平均」取引額を取引価額とすることはできない。」(https://www.bftc.gr.jp/keihin_jirei/keihin_jirei.html) とする。この点については「銀行

は預金役務を提供するに当たり，手数料などを収受していない限り，一般消費者から『対価』を得ていると評価し難い」と論じられている（染谷隆明「景品表示法の「取引」概念の再検討－無償契約は「取引」か－」公正取引834号38頁（以下「染谷論文」という。）。なお，染谷論文38頁脚注10は預金をせずに銀行口座のみを開設する等の場合にも銀行実務上取引として扱われることも指摘している）。

4　実質的有償取引

　ここで，定義告示運用基準3⑵は，交換も取引に含まれるとするところ，事業者が自ら供給する商品やサービスと対価性を持つ形で個人情報を一般消費者から得ている場合には，取引と解される可能性がある（染谷論文38頁）。

　ここで，求職者の個人情報を採用募集中の企業に提供し，採用されると，企業から仲介手数料をもらうというビジネスモデルにおいて，就職率等について実態とかけ離れた表示をしたことにつき優良誤認として措置命令が出されている（https://www.caa.go.jp/notice/assets/representation_cms207_220427_01.pdf。なお，**本書Q34**でもこの事例を紹介している）。

　消費者庁の担当者は，この事案を「就労支援サービスに係る表示」の事案と見た上で，事業者性が問題となるとし，「サービス提供主体から，相手方である消費者が「無料」で，すなわち金銭的負担なくサービスの供給（「なんらかの経済的利益の供給」）を受けられる場合であっても，消費者が経済的価値を有する個人情報などを反対給付としてサービス提供主体に提供している（「反対給付を反復継続して受ける」）場合には，サービス提供主体の行為は，「事業」に当たり，「事業者」性が肯定される」と論じている（宗田直也・美濃部翔司「株式会社DYMに対する景品表示法に基づく措置命令について」公正取引869号68頁）。このような議論の前提として，取引の該当性の解釈においても，消費者が就労支援サービス提供事業者に対し，反対給付としての個人情報を提供していることから取引該当性が肯定されると解されているものと理解される。

　このような見解に対しては，「就職支援というサービスの性質上，個人情報を登録することは就職支援サービスの役務の前提であり役務内容であって，反対給付のようにとらえることは適切でない可能性があ」るとか，

「個人情報を対価性あるものとして拠出するということについて，いまだ一般消費者の認識が形成されていないというべきではない」等と批判するものもある（土生川千陽「【I&Sインサイト】消費者庁の措置命令は無償取引に踏み込んだのか」(https://www.ikedasomeya.com/insight/8955)）。このような批判も傾聴に値するものの，いずれにせよ，少なくとも一般論として，金銭のやり取りがなくても，具体的事情の下で消費者が事業者に提供する金銭以外のものが反対給付として実質的に対価性があるとみなされ，取引該当性が肯定され，景表法が適用される可能性は否定できなさそうである。

5　無償取引に表示規制を適用するべきとの見解

なお，染谷論文は，無償の電子消費者契約であっても，一般消費者による商品・役務の選択に影響を与える場合があるとして，事業者が商品等を供給する契約でありさえすれば景表法の「取引」に該当するという解釈を示し（同39-40頁），その上で，景品規制については，景表法4条を具体化する告示で有償取引のみを対象とすることとしているから，いわゆるオープン懸賞を否定するものではないと論じる（同41-42頁）。要するに，現行法（及び告示等）の解釈としては，表示規制については無償取引にも適用すべきだが，景品規制はそうではない，という議論と理解される。

この見解は傾聴に値するものの，上記のインターネット上の取引と「カード合わせ」に関するQ&A4や消費者庁の担当者の見解等を踏まえると，少なくとも消費者庁は，正面から無償取引も規制対象だという立場に舵を切るには至っていないようである。

6　実務対応

基本的には，実務上多くの問題となる表示や景品は，有償取引との関係で生じている。そこで，有償取引であればこの論点を検討する必要はない。

その上で，消費者が金銭等を支払っていない場合についても，実質的に対価関係があるとして，上記の処分事例等のように規制の対象となる可能性があり，また，上記の染谷論文のような，少なくとも表示規制は無償取引にも適用されるべきだとする見解も存在することから，これらの観点から，保守的に景表法の規制を遵守すべきではないか，を検討する必要があると思われる。

5　「俺の味方じゃないのか？」

　相談者が考えているよりも法規制の内容が厳しい場合等に，法務担当者が「無理です。」というと，相談者から「俺の味方じゃないのか？」と詰められることがある。

　例えば，本書でもよくありそうな相談事例について「問題がある」等という回答をするものも多い。相談者の「この訴求を是非やりたい」という相談に対して「ダメです」と言うと，相談者の顔はあからさまに曇り，「お前は俺の味方じゃないのか？」と言う顔になる。時には，ストレートに「誰の味方なんだ？」と吐き捨てられることさえあり得る。

　これは法務として辛い場面だが，相手の目を見て「あなたの味方です」と言い切るべきである。その上で，「味方だからこそ広告の回収や行政処分等の事態を避けるため，一緒にうまく進める方法を考えていきましょう」と伝えるべきである。

　いずれにせよ，辛い瞬間の一つではあるが，法務をやっていれば必ず同様のシチュエーションに出くわす。めげずに頑張っていこう。

第5章　表示その他

第6章 景品

1 景品に関する（上限）規制適用の有無

Q89 ポイント配布

ポイントを購入者全員に，又は懸賞で配りたいが，規制の対象ですか？

A

ポイントの性質によって異なります。

景表法の景品規制は経済上の利益，すなわち，通常，経済的対価を支払って取得するものを提供する場合にかかってくる（本書Q58，Q71，基礎編Q75）。そこで，景品規制適用の有無は，ポイントがどのようなものか次第である。

まず，ポイントが単なる表彰状，表彰盾，表彰バッジ，トロフィー等のように相手方の名誉を表するものに過ぎないのではないか，という点が問題となる。もしそうであれば，通常の場合，「経済上の利益」に該当せず，景品規制の対象とならないとされている（定義告示運用基準5⑴）。但し，そのポイントが換金性がある等，経済価値を持っていれば，このような整理はできない。

次に，実質的には単なる値引きであれば，景品ではない。マイレージサービス等，値引きの実質を持っていれば，これは景品ではないとされる（定義告示運用基準6⑶）。但し，マイレージサービスについては，当該マイルを使って，例えば，他社の提供するサービスなど，当該航空会社の提供する航空運送サービス等と実質的に同一といえない商品やサービスを提供

するような場合は，景品規制の対象になり得る（『景品表示法』240頁）等ともされており，実態が値引きとはいえないものであれば，やはり景品規制の対象となる可能性があることには留意が必要である。

　更に，懸賞の方法を用いる場合には仮に値引きの性質しかないポイントでも，景品に該当する（定義告示運用基準6(4)）。加えて，値引きの意味を持つポイントを渡すのと同時に値引きの意味を持たないポイントやその他の景品も併せて渡すような場合にも景品に該当する（同上）。

【☞基礎編のQも確認】Q75

Q90 オモチャ入りお子様セット

　「お子様セットを購入されたお客様全員にオモチャをプレゼント」という企画であれば，層付け景品に関する20％又は200円の縛りがかかるが，同じものを「オモチャ入りお子様セット」とするだけで20％又は200円の縛りがかからなくなるのですか？

A

　なかなか鋭い指摘ですが，景品規制を回避したいのであれば，「プレゼント」という表現を用いない方が安全でしょう。

1　セット商品の場合

　取引付随性については，基礎編Q73，Q74及びQ84で既に説明したところであるが，景表法の景品規制は，いわゆる取引付随性が認められる場合に掛かってくる。そして，景品が取引本来の内容たる取引に付随して提供されるものであるとの認識を購入者が抱くことはないセット商品については，「セットで1つの商品」なのであって，取引付随性がない（『景品表示法』209頁）。そのような取引付随性がないセット商品の具体例としては，「ハンバーガーとドリンクをセットで○○円」等の商品または役務を2つ以上組み合わせたものが一体として取引の内容となっている場合（定義告

示運用基準4(5)ア），乗用車販売の際にスペアタイヤを併せて販売するような，商慣習となっている場合（同基準イ），玩菓，パック旅行のような別の特徴を持つ1つの商品または役務になっている場合（同基準ウ）が挙げられる。

そこで，オモチャ入りお子様セットは，商品または役務を2つ以上組み合わせたものが一体として取引の内容となっているものとして，通常景品規制がかからないと理解される。

2 取引付随性があるとされる場合

商品または役務を2つ以上組み合わせて提供する場合であっても，懸賞によって提供する場合や提供方法から，取引の相手方に景品類であると認識されるような仕方で提供するときには取引付随性があるとされる（定義告示運用基準4(5)但書）。

ここで，取引の相手方に景品類であると認識されるような仕方というのは「○○プレゼント」，「××を買えば○○が付いてくる」，「○○無料」と表示して提供する場合が例示されるが，「○○プレゼント」といった特定の文言のみにとらわれるのではなく，提供の方法・形態を総合的にみて，取引の相手方に景品類であると認識されるか否かを判断する必要がある（『景品表示法』210頁）。

このような観点からすると，「お子様セットを購入されたお客様全員にオモチャをプレゼント」という訴求は，取引の相手方に景品類であると認識されるような仕方とされる可能性がある。もちろん，これは社会通念上，オモチャ入りお子様セットを販売するのと同一であって，「○○プレゼント」といった特定の文言のみにとらわれない判断方法を採用すれば，提供の方法・形態を総合的にみて，取引の相手方に景品類であると認識されないというような議論自体は全くあり得なくはない。

とはいえ，保守的に考えるとオモチャ入りお子様セットであると説明し，プレゼントとは言わない方が安全だろう。

なお，セット販売につき『不動産広告』318頁も参照のこと。

3 実務

実務上，法務としてセット販売にするようアドバイスをしても，依頼部

門担当者がYESといってくれないことは多い。それは，セット販売では訴求力がなく，プレゼントという訴求をするからこそ集客効果や購入誘導効果を発揮することができるという考えによるように思われる。一つの説明としては，プレゼントという訴求力が高い方法を採用するのであれば，過度な「プレゼント」を規制すべきであるからこそ，もしそれが「プレゼント」として行われるならば，景表法の上限規制がかかってくる（少なくともその可能性が高まる），と依頼部門担当者に説明することがあり得る。

【☛基礎編のQも確認】Q73-Q74，Q84

Q91 クーポン券

　スーパーの特売チラシ全てにクーポン券を1枚つけ，1,000円以上購入すると100円値引きする。既に値引きしているのに更にクーポン券をつけても良いのでしょうか？

A

　景品規制の観点からは直ちに問題とならないと思われますが，例えば，クーポン券を利用することで「得をした」と思わせておきながら，実際にはチラシの価格は通常よりも10%高く，クーポン券を利用して初めて通常価格になる等の場合には有利誤認の問題が生じ得ます。

1　景品規制

　基礎編Q83のとおり，自社製品であれば何でも購入の際に割り引かれる割引券は「自己の供給する商品又は役務の取引において用いられる割引券その他割引を約する証票であって，正常な商慣習に照らして適当と認められるもの」（「一般消費者に対する景品類の提供に関する事項の制限」2項3号）として，景品に関する上限規制が適用されない可能性がある。

2　有利誤認

　ここでクーポン券を利用して値引きをする場合，いわば広告費として自

社がその費用を負担するものでない限り，その原資が必要である。特売チラシで値引きし，更にクーポン券で値引きをするというのは，それが完全に事業者の負担（消費者の利益）で行われるのであれば特に問題がないものの，例えば，クーポン券で得をしたと思わせておきながら，実際にはチラシの価格が通常よりも10%高く，クーポン券を利用して初めて通常価格になる等という場合には有利誤認（本書第4章）の問題が生じ得るだろう。

【☞基礎編のQも確認】Q66，Q83

Q92 オープン懸賞該当性

> インターネット上で懸賞企画を行います。誰でも参加可能とはしますが，当社製品を購入された方の当選確率を2倍にしようと思います。誰でも参加可能なのでオープン懸賞として上限規制は当てはまりませんよね？　インターネット上で応募を受け付けると同時に自社の店舗にも応募葉書を設置する場合はどうでしょうか？

A

　取引を条件として経済上の利益を提供する場合だけではなく，上限規制が適用されます。取引を条件としない場合であっても，経済上の利益の提供が取引の相手方を主たる対象として行われるときには「取引に付随」する提供に当たり，いずれの場合もオープン懸賞になりません。

　取引付随性については基礎編Q73，Q74及びQ84で既に説明したところであるが，景表法の景品規制は，いわゆる取引付随性が認められる場合に掛かってくる。そして，インターネット上の懸賞であって，誰でも応募できるものについては，取引付随性が否定され，いわゆるオープン懸賞として，景表法の景品規制がかからない可能性がある。

　例えば，商品・サービスを購入しなければ応募できない場合や，商品・

サービスを購入することにより，応募するためのクイズの解答やヒントが分かり懸賞企画に応募することが可能又は容易になる場合など，懸賞に応募しようとする者が商品・サービスを購入すること（取引）につながる蓋然性が高い場合には，取引に付随すると認められることになる。

　しかし，具体的な状況の下においては，インターネット上の懸賞であっても，取引付随性が認められることがある。本件では，製品購入者の当選確率が２倍になることから，応募に当たって，この事業者の商品を購入する蓋然性が高いと考えられる。

　したがって，本件は，取引に付随することになるから，一般懸賞の規制の対象となる（本書Q70，Q90参照）。

　なお，インターネット上で応募を受け付けると同時に自社の店舗にも応募葉書を設置する場合等にも製品購入と無関係に抽選をするとしても，取引付随性が認められ，一般懸賞の規制の対象となる（『景品表示法』208頁）。

【☞基礎編のQも確認】Q73-Q74，Q78，Q84

2　総付

Q93　「NFTをプレゼント」

　「○○円以上ご購入の方全員に，NFTをプレゼント」という企画を行いたいのですが，NFTについて，景品等の価額をどのように算定すれば良いでしょうか？

A

　基本的にはその景品類が提供される時点における景品類の提供を受ける者が，それを通常購入するときの価格に基づくことになるでしょう。

景品類の価額の算定については既に**基礎編Q76**で述べたところだが，ここで再度確認しよう。すなわち，景品類の価格は通常購入時の税込み価格によるところ，景品類と同じものが市販されている場合は，景品類の提供を受ける者が，それを通常購入するときの価格によるとされている（「景品類の価額の算定基準について」1(1)）。

　ここで，例えば，一定期間において権利を行使するもの，宿泊券，航空券，入場チケット等であれば，「権利を行使することができる期間において想定される最も高い価格を合理的に算定」することになる。そして景品に関するQ&A79によれば，景品類の提供を受ける者が，景品類の受領後に権利を行使する必要がないものについては，その景品類が提供される時点における価格により算定し，これを景品類の価額とすることとなる（https://www.caa.go.jp/policies/policy/representation/fair_labeling/faq/premium/premium_regulation/#q79）。NFTは景品類の提供を受ける者が別途権利を行使する必要がないことが多い。そこで，本件のNFT画素のようなものである限り，NFTを提供した時点の価格をもとに計算することになる。

【☛基礎編のQも確認】Q76

Q94 ノベルティ

> 　当社の製品の購入者全員にノベルティとして自社名入りのカレンダーやメモ帳を配ろうと思います。このようなノベルティにも総付規制がかかりますか？

A

　具体的状況次第ですが，見本その他宣伝用の物品またはサービスと言える範囲であればかからないことが多いように思われます。

　購入者全員にプレゼントをするならば，原則として総付規制が適用される（基礎編Q80）。しかし，見本その他宣伝用の物品またはサービスは景品

から適用除外される（総付運用基準3）。そして，事業者名を広告するために提供する物品またはサービス，例えば，社名入りのカレンダーやメモ帳等で，適当な限度のものも，原則として規制対象とならない（総付運用基準3(3)）。そこで，本件で配布されるノベルティがそのようなものと言えるのであれば，規制がかからない。

　但し，見本等だとさえいえば，何でも総付景品に関する上限規制を受けずにプレゼントできるものではない。見本等の内容，その提供の方法，その必要性の限度，関連業種における見本等の提供の実態等を勘案し，一般消費者による自主的かつ合理的な選択の確保の観点から判断される（総付運用基準3(1)）。例えば，提供される物品の内容が耐久消費財であるような場合は，見本等と認められないであろうし，提供の方法が，一定額以上の購入者にのみ提供する場合や，購入額によって提供する物品に差を付けるような場合等は，見本等と認められないとされる。加えて，たとえ物品に見本や試供品という表示があったとしても，見本等に名を借りて比較的大きな経済的価値のあるものを提供し，その経済的価値により取引を誘引するような場合は，当該物品は見本等と認められないとされている（『景品表示法』238-239頁）。そこで，本件においてもこのような場合には総付規制がかかり得る。

【☞基礎編のQも確認】Q80

景品

第6章

3 懸賞

Q95 当選者数の表示

一定額以上の購入者に抽選で景品をプレゼントする企画を景表法の景品に関する上限規制は遵守して実施しますが，告知の際に景品とその価格だけを表示し，当選人数を記載しなくても良いですか。これを記載する場合，全国チェーンにおいて展開されるキャンペーンの合計人数が1,000人で，当該チェーンの加盟店である自分の店で当選するのはその100分の1の10人程度であっても「抽選で1,000名にプレゼント」と表記しても大丈夫ですか？

A

当選人数の記載をしないからと言って直ちに景品規制に違反しないものの，例えば，当選人数が実際はゼロであれば表示規制違反の可能性がありますし，自分の店で当選するのはその100分の1程度であっても「抽選で1,000名」と表記するのも同様の問題があります。

1 景品規制上，当選人数記載が必ずしも求められていないこと

懸賞に関する景品規制については，基礎編Q78以下で扱っているので，参照されたい。本問ではこのような規制を遵守してキャンペーンを行うこと自体は前提となっている。

では，当選者数が例えば自店舗では10人程度だということを記載する必要があるのだろうか。懸賞制限告示や懸賞運用基準では，当選人数を記載しなければならないという規制は規定されていない。そこで，必ずしも当選人数記載が必須とはいえない。

2　表示規制の観点

　もっとも，当選人数はその懸賞の魅力を決めるものであり，表示規制の観点から問題となる。

　例えば，漫画雑誌の企画において，記載された当選者数を下回る数の景品類の提供を行っていたとして有利誤認を理由に排除措置命令が出されたことがある（https://warp.ndl.go.jp/info:ndljp/pid/11050105/www.caa.go.jp/representation/pdf/150313premiums_1.pdf）。

　また，景品に関するQ＆A87も「実際の当選者数が告知した当選者数に満たないときなどは，取引条件に関する不当表示として景品表示法第5条第2号違反となるおそれがあります。」としている（https://www.caa.go.jp/policies/policy/representation/fair_lbeling/faq/premium/lotteries/#q87）。

　例えば，当選者ゼロというのは仮に当選者数を明記しなくても違法な可能性が高い。また，自分の店で当選するのはその100分の1程度であるにもかかわらず，「抽選で1,000名」と表記するのも同様の問題がある。

　当選人数について何も記載しないというのは上記の当選者数が消費者の関心事だという点からも疑問があり，明確に，例えばその店舗で当選する人数が10人であれば10人と明記してキャンペーンを行うべきである。

景品

第6章

6　性善説だけではやっていけない

　よくトラブルになる類型として，営業担当者が法律を知らない，相手が不誠実（もし誠実な相手であれば，何か予想外の事態が発生してもビジネス間で解決して，法務に来ない）等というものがあるが，それ以外にも担当者が性善説で対応している（ナイーブ過ぎる）という場合がある。

　例えば，営業担当者が条件をキチンと確認しないで，口頭で「大丈夫」と言われたから大丈夫だと思い込んだとか，契約前に「進めて欲しい」と言われて進めたが，「やはり契約しない」と言われたといったトラブルはよく見られる。もちろん，慎重な担当者であっても時々そのような気の緩み等はあるのかもしれない。しかし，同じ担当者が同様のトラブルを繰り返すこともある。このような担当者は，やはり性善説で対応し過ぎてトラブルがいつ発生してもおかしくない状態で仕事をしていると言っていいだろう。

　もちろん，「人を見たら詐欺師だと思え」というような極端な話はするつもりはないものの，例えば広告会社であれば，クライアントのため，合理的注意を尽くしてその代わりに報酬をもらっているという面がある。そこで，一定以上慎重に対応することが求められている。例えば「下請けに作らせた広告クリエイティブが画像生成AIによって作成されたもので，利用された画像の作者からクレームが来ました。無断でAIを使うなんて，本当に酷い話ですよね。」とクライアントに説明するような事態がもし発生したら（もちろん架空の話である），クライアントから「そういうことがないようキチンとクリエイティブの発注先を選定し，トラブル回避のために様々な確認をしてもらうため，あなたのところ（広告会社）にお金を払っている。」と怒られるだろう（**本書Q19**及び**第10章**も参照）。

　「大丈夫だと思った」という思い込みだけでは危うい。そこで，法務としては一人一人の従業員がそのような最低限の注意を払うことが職責に含まれることを啓蒙していくしかない。

第7章 景表法改正

Q96 改正の概要

> 景表法改正の概要を教えてください。

A

確約手続の導入，課徴金加算制度導入，課徴金減額制度の改正，直罰制導入等のペナルティに関する改正が重要です。

1 ペナルティが大きく変わる

景表法改正のポイントとしては，ペナルティに関する改正が重要である。基礎編Q61では景表法違反のペナルティ等について説明したが，その内容が大きく変更された。まず，確約手続が導入された（本書Q97，Q98）。また，課徴金について推計，加算，減額等に関する制度が導入・改正された（本書Q99-Q102）。更に直罰制が導入された（本書Q103）。

2 確約手続の導入

確約手続は，不当表示の疑いのある表示等をした事業者が是正措置計画を申請し，内閣総理大臣（消費者庁長官）から認定を受けたときは，当該行為について，措置命令及び課徴金納付命令を受けないこととすることで，迅速な問題の改善を図る制度である。

従来は，景表法違反が発生した場合に，（何もしない場合を除くと）規制当局として行政指導を行うか，措置命令又は課徴金納付命令を発するかという選択肢が与えられていた。この2つの中間の手続として確約手続が導入された（改正景表法26条以下）。そこで，今後は行政としてもこれらのメニューの中から最適な選択肢を選定することになるし，違反が疑われている事業者としても，行政との間で確約手続で解決することに向けた交渉をする可能性が出てきた（本書Q97，Q98を参照）。

3　課徴金制度の改正

　現行法は課徴金の対象を優良誤認・有利誤認のみとし，算定率を３％としている。改正法はこの基本的枠組みを維持した上で，①売上額を推計する（改正景表法８条４項），②10年以内に繰り返し違反を行う場合の算定率を割増しする（改正景表法８条５，６項），③自主返金による減額制度における自主返金の手段を増やす（改正景表法10条１項括弧書）等の改正を行った。

　これらの改正は実務上，それぞれ，①売上額データが整理されていない場合でも推計により迅速に課徴金額が決定される，②実効的な再発防止策を立てていないと課徴金額が割り増しとなり，ペナルティが大きくなる，③使いにくかった自主返金による減額制度の利便性が向上する等という意味がある（本書Q99-Q102参照）。

4　直罰制導入

　従来も景表法違反には罰則があったものの，措置命令（景表法７条）違反に対する罰則（景表法36条１項）のように，命令を前置した間接罰であった。令和５年改正で，優良誤認・有利誤認表示に対しては命令を経由しない直罰が導入された（改正景表法48条）。

　直罰制の導入により，重大な違反を行うと命令を経由せず，刑事訴追されてしまう可能性が出てきた。この点に加え，ブローカー，インフルエンサー，アフィリエイト広告作成者，リサーチ会社等の様々な関与者についても共犯として景表法違反の責任を問えるようになった，という意味で重要な影響がある（本書Q103参照）。

Q97 確約手続

確約手続とは何ですか。

A

確約手続は，不当表示の疑いのある表示等をした事業者が是正措置計画を申請し，内閣総理大臣（消費者庁長官）から認定を受けたときは，当該行為について，措置命令及び課徴金納付命令の適用を受けないこととすることで，迅速な問題の改善を図る制度です。

1 はじめに

景表法の定めるペナルティのメニューとして，従前措置命令・課徴金納付命令及び行政指導が存在したところ，いわばその中間としての確約手続が導入された（中川丈久「座談会」ジュリスト1587-15参照）。つまり，事業者が，是正計画（確約計画）を作成して申請し，内閣総理大臣（消費者庁長官）から認定を受けると，課徴金や措置命令の対象にならない。

2 制度趣旨

これまで，違反被疑行為があっても必要な対応を自主的に行う業者には比例原則の観点からも行政資源を割く必要性はないものの，行政指導のみでは透明性確保や実効性確保が不十分な場合に対して何らかの対応が必要ではないかという問題意識が存在した（渡辺大祐「令和5年景品表示法改正法の概要」法律のひろば2023年8月号17頁）。

独占禁止法には，既に類似する確約手続が導入されており（独禁法48条の2以下），景表法においても，同様の確約手続が導入された（改正景表法26条以下）。

3 手続

法令上は，①消費者庁長官が，景表法違反の疑いのある事業者に対し，当該違反被疑行為の概要等を書面で通知し，②事業者が確約計画を提出して申請し，③消費者庁長官が認定をするという手続となり，認定の効果と

景表法改正 第7章

して，課徴金納付命令や措置命令を免れることとなっている。景表法に違反する行為があると疑うに足りることが確約手続の要件であり，消費者庁が確約手続きに移行するかどうかの判断につき広範な裁量を持つ（長澤哲也「景品表示法における確約手続の導入」ジュリスト1587-38）。なお，確約計画の認定は公表される予定である。

　実務上は突然消費者庁から通知が来て確約手続が開始するという事態は想定されていない。すなわち，消費者庁として，通知を行う前に消費者庁と事業者間で水面下でやりとりを行い，①の前の段階で事業者が確約計画案を提出して庁内で決裁，通知という進め方があり得る（片岡克俊「座談会」ジュリスト1587-20）。

　確約計画の具体的な内容としては影響是正措置や被害回復措置が考えられる（長澤哲也「景品表示法における確約手続の導入」ジュリスト1587-40）。

Q98 確約手続への対応

> 　確約手続制度下において，事業者はどのような対応をすることが望ましいですか？

A

　その案件の「落ち着き所」を想定した上で，確約手続に乗せることが適切な案件ではそのような方向で消費者庁に積極的に提案しましょう。その際は今後策定される予定される運用指針が参考になります。

1　はじめに

　確かに「もし確約手続がなければ措置命令・課徴金納付命令」となっていたようなケースで，それが確約手続に乗ることで措置命令・課徴金納付命令を免れられるのであれば，事業者として，確約手続にその案件を乗せるよう交渉することには大きな意味がある。

　もっとも，全ての案件が確約手続に相応しいわけではない。例えば悪質

な事案は（直罰（**本書Q103**）までは不要としても），そもそも消費者庁側が確約手続の対象外とする可能性がある。また，事業者としても，確約手続は公表が予定されている以上，行政指導で終わりそうなものを確約手続という重い手続に乗せることにメリットはないかもしれない。

　その意味で，確約手続の導入によって消費者庁側にとっても，事業者側にとっても「選択肢が増えた」ことに間違いはないものの，今後確約手続が選択される件数がどのようになるかは未知数であり，実際には，利用が低調となるかもしれない（公正取引委員会「（令和5年6月1日）令和4年度における独占禁止法違反事件の処理状況について」（https://www.jftc.go.jp/houdou/pressrelease/2023/jun/230601_kanki.html）によれば，ここ数年，独禁法上の確約手続は年間2-6件で推移している。）。

2　実務対応

　一般には，違反要件は争わないが，コンプライアンス体制を整備する場合，主観要件は欠けているが客観面には問題があった場合等において事業者として確約を目指すのではないかと論じられる（染谷隆明「座談会」ジュリスト1587-17。片岡克俊「座談会」ジュリスト1587-18も参照。）。

　事業者側にとっての，確約手続のメリットは措置命令，課徴金の回避である。しかし，返金が求められる可能性や，確約計画の認定が公表されることよるデメリット等もある。（もちろん，グルーポン事件等，措置命令・課徴金納付命令が発せられなくても公表されることはある。）

　そこで，事業者が確約手続を積極的に求めるべきは「重い手続き」が合理的な，このままでは措置命令に至る角度が高い，このような状況ではないか（長澤哲也「景品表示法における確約手続の導入」ジュリスト1587-37，38参照）と言われている。

　このように確約手続が重い手続きであることに加え，確約計画が公表されることにより，消費者団体訴訟の第2ラウンドの発生可能性が高まるリスクに鑑みると，確約手続ではなく，行政指導を求めることも合理的な場合もあるだろう（染谷隆明「座談会」ジュリスト1587-19）。

　なお，事業者側として，要件該当性について争える事案ならば確約手続を使わずに，命令を求めて争うと言う方向性と，措置命令があれば取消訴

訟のコストを考え確約すると言う2つの考えがあり得る（染谷隆明「座談会」ジュリスト1587-17，18）。

　事業者側として上記の考慮から確約手続の利用を希望する場合，措置命令ではできないことを事業者側から提案する等して（白石「座談会」ジュリスト1587-19参照），消費者庁を説得することになるだろう。

　消費者庁としても，悪質重大，繰り返すような，措置命令・課徴金納付命令，場合によっては直罰が相当な場合には確約手続の対象外とするだろう（片岡克俊「座談会」ジュリスト1587-18）。

　このような事業者側と消費者庁側の双方の観点から確約手続の実務が決まっていく予定であるところ，今後運用指針が策定される予定であり，その中で対象，返金の位置付け等が決められていく（片岡克俊「座談会」ジュリスト1587-16）。よって，まずは運用指針に注目し，その上で施行後は具体的な活用事例に注目すべきである。

Q99 課徴金制度

課徴金に関する売上額の推計とは何ですか？

A

　売上額に関する的確な資料がない場合に，消費者庁がそれを推計できるというものです。

1 「ダメな会社」ほど，課徴金を免れやすい？

　これまでの課徴金納付命令制度では，行政において，資料を元に売上額の事実認定を行い，当該認定に基づき，売上額の3％の課徴金の納付を命じていた。

　しかし，行政から資料の提示を求められても，そもそも帳簿がしっかりと整備されていないとか，保管に問題があって残っていない等して，売上認定の基礎資料が欠けているような場合，なかなか売上を認定して課徴金納付命令を行うことが難しい。

　しかし，それは，しっかり帳簿を残してそれを提供する「真面目な会社」ほど，課徴金納付命令を受けやすく，帳簿を残さず提供しない「ダメな会社」ほど課徴金納付命令を受けにくいとも評することができ，それは不合理である。

　そこで，行政が課徴金納付命令を行う際に売上額を合理的に推計できるとした（改正景表法8条4項）。

2　推計の内容

　法律上は，「（略）事実の報告がされず課徴金の計算の基礎となるべき事実を把握することができない期間における（略）売上額を，当該事業者又は当該課徴金対象行為に係る商品若しくは役務を供給する他の事業者若しくは当該商品若しくは役務の供給を受ける他の事業者から入手した資料その他の資料を用いて，内閣府令で定める合理的な方法により推計して，課徴金の納付を命ずることができる」（改正景表法8条4項）とされ，「合理的」に推計するという抽象的な規定が置かれているに過ぎない。

　例えば何種類かのソフトクリームを売っている会社があり，ソフトクリーム全体の売り上げはわかるが，問題なのは抹茶味を宇治抹茶ではないにもかかわらず，「宇治抹茶」と言っていた部分だという場合，もし直近の抹茶味の売上が3割ならば売上の3割で推計する（片岡克俊「座談会」ジュリスト1587-22，23）というのが，合理的な推計の例とされる。過剰な推計も過小な推計も合理的ではない（伊永大輔「景品表示法の課徴金制度における理論と課題」ジュリスト1587-53）以上，行政としては，推計の合理性を担保していく必要がある。なお，推計された金額が実額と異なる場合，その実額に基づく反証は可能と言われるが（中川丈久「座談会」ジュリスト1587-23），そもそも推計されるということは，実額を示す資料が提出されなかったということなので，仮に実額反証ができるとしてもそれに成功する場合は少ないと思われる。

景表法改正

第7章

Q⃝100 課徴金加算

課徴金加算とはどのようなものですか？

A

　過去10年以内に課徴金納付命令を受けた事業者が再度課徴金納付命令を受ける場合において，50%加算されて売上の4.5%となります。

　同一事業者が繰り返し課徴金納付命令を受けることが問題視されていた。本書Q97でも述べたとおり，確約手続が入る以前も命令以外に行政指導というメニューが存在したのであり，軽微な違反であれば行政指導で対応されていた。そこで，課徴金納付命令の対象は重大な違反である。このような重大な違反を行った企業がまた重大な違反を行うということは，ある意味では課徴金額が少なく，課徴金リスクを踏まえてもなお違反をするインセンティブが生じるほどの利得を得ているということになる（渡辺大祐「令和5年景品表示法改正法の概要」法律のひろば2023年8月号15頁）。そこで，加算制度が導入され，通常は課徴金は売上の3%であるところ，過去10年以内に課徴金納付命令を受けた事業者が再度課徴金納付命令を受ける場合において，50%加算されて売上の4.5%とされる（改正景表法8条5，6項）。

　なお，過去10年となった経緯として，立法過程では，1度課徴金納付命令を受けてから再度課徴金納付命令を受けるまでの期間が6年の業者もあり，5年としたのでは妥当な結論を導けない（伊永大輔「景品表示法の課徴金制度における理論と課題」ジュリスト1587・50）等として10年が基準とされたとされる。

Q 101 課徴金減額制度

課徴金減額制度に関する改正はどのようなものですか？

A

　元々，事業者が自主的に返金することで，課徴金が減額される制度がありましたが，利用が低調で使いにくいと評されており，電子マネーを利用する返金等が認められ，使いやすくなる第一歩となりました。

　課徴金の原則的金額は売上額の３％であるものの，従前から，返金措置を行った場合に課徴金を減額することとしていた（景表法10条）。この制度自体は被害回復的な結果を実現できる（南雅晴「景品表示法の近時の動向～インターネット社会における景品表示法の意義～」法律のひろば2023年８月号10頁参照）という意味で肯定的に捉えるべきであるものの，制度が使いにくく，利用が４件にとどまり利用を促進できていない（渡辺大祐「令和５年景品表示法改正法の概要」法律のひろば2023年８月号16頁）という問題があった。具体的には，これまでは金銭給付，通常は銀行振り込みしか選択肢がなかったところ，銀行口座情報等の個人情報取得のハードルがあり，振込手数料が高く，消費者からの申し出がない，行政への報告のための一覧表作成作成が手間等というものが挙げられる（染谷隆明「座談会」ジュリスト1587-23）。

　このような状況を踏まえ，今般の改正では金銭を（実務的には銀行振り込みで）給付することに限らず，電子マネーでの返金を認めた（改正景表法10条１項括弧書）。これによって，事業者の選択肢が増え，かつ，電子マネーの方が一般には銀行振り込みよりも送金手数料が安いことから，事業者としても，このような制度の利用を検討する余地が増えたと言えるだろう。これが今後返金制度がますます使いやすくなる第一歩となることを期待したい。

Q102 課徴金制度への対応

> 課徴金制度改正を踏まえて事業者はどのように対応する
> べきですか？

A

資料提供等に協力し，実効的な再発防止策を策定し，また，
減額のための自主返金等を検討しましょう。

本書Q99から本書Q101を踏まえ，事業者，とりわけ，一定以上重大な
違反をして，課徴金納付命令を受けるリスクが生じてしまった事業者は，
課徴金制度改正を踏まえてどのような対応をすべきか。

まず，元々，景表法29条に基づく報告等が義務付けられる場合はもちろ
んその履行として適切な報告をしなければならないが，そうでなくても社
内で事実を確認して正確に状況を報告する等の協力を行うことは，行政対
応として重要であった。そしてそのことが売上額の推計制度の導入により
変わるものではない。むしろ，売上額の推計制度（**本書Q99**）は，このよう
に誠実に対応する事業者がある意味では「損をする」ような事態が減ると
いうことであるから，従来どおり資料提供等に関する行政への協力を継続
すべき，ということになる。

次に，課徴金の加算制度（**本書Q100**）の意味は，一度違反をした（違反を
して課徴金納付命令を受けた）企業が再度違反した場合のペナルティが大きく
なった，ということである。そこで，一度目の違反の段階で，再発防止に
努め，それを単なるポーズとするのではなく，実効的なものとする必要性
がますます高まっている。確かに，改正前においても，景表法違反があっ
た場合には，事業者が自ら再発防止策を策定し，そこから，例えば，既に
自浄作用を働かせているから，課徴金納付命令等ではなく，行政指導を選
択して欲しい（なお，改正法下であればこれに加え，確約（**本書Q97，Q98**）も選択
肢になる）といった交渉を行うことはあり得た（松尾剛行『キャリアデザインの
ための企業法務入門』101-113頁参照）。しかし，そこでいう再発防止策が，ど

こまで実効的かについてみると，もちろん明らかに実効性が疑わしければ上記の交渉も成功しないことから，関与する弁護士等が合理的で実効性ができるだけ高くなるような再発防止策についてアドバイスするものの，関与する弁護士や行政の立場からすれば，最後はその再発防止策を実行する事業者としてその対策を真摯に講じて絶対に再発を防止するという覚悟がどこまであるかによるところであって，最後は事業者次第，という側面も否定できなかった。加算制度は，まさに事業者がその覚悟を持たず，ある意味では再発防止策を形だけのものとしたり，骨抜きにした場合において，現に重大な違反が再発してしまえば，大きなペナルティが科されるようになることを意味する。だからこそ，事業者としては，実効的な再発防止策を策定し，その運用においても，いわば「魂を入れ」て真摯に取り組まなければ，加算された課徴金納付命令を受けるリスクがあるということである。

　更に，課徴金減額のための自主返金（**本書Q101**）制度はこれまで使いにくく，もしかすると存在は知っていても，そのような制度は利用しないという判断をした会社が多かったのかもしれない。しかし，今後は使いやすくなった自主返金制度に従い，電子マネーでの返金をして課徴金減額を受けるという選択も少なくとも従前よりも検討に値するようになった，とは言えるだろう。

　なお，従来から存在した自主申告による課徴金減額（景表法9条）と確約手続（**本書Q97-Q98**）の関係については，確約制度に乗れば課徴金は科されないので，自主申告をすることで半額でも課徴金が課されるという意味で「薮蛇」になるリスク（染谷隆明「座談会」ジュリスト1587-19,20，長澤哲也「景品表示法における確約手続の導入」ジュリスト1587-42も参照）が指摘されている。しかし，確約で行けるだろうと思って申告しないと課徴金が100％課されることもある（片岡克俊「座談会」ジュリスト1587-20）。その意味では，確約手続が創設されたからといって，自主申告による課徴金減額制度の実務的な意味がなくなったとは言えないだろう。

景表法改正

第7章

罰則

> 罰則規定に関する改正の概要を教えてください。

A

　悪質な，優良誤認・有利誤認表示に対しては命令を経由しないで直接刑罰を科すことができるという直罰制度が導入されました。

　従来の景表法の罰則は，間接罰と言われる，まずは措置命令を行い，当該命令に従わなければ刑罰を科すという制度であった（景表法36条1項，同法7条1項）。しかし，重大悪質な優良誤認・有利誤認表示に対しても，必ず命令を経由しなければ刑罰を科すことができないのであれば，抑止力という観点から不足がある。そこで，このような場合には，命令を経由しないで直接刑罰を科すことができるという直罰制度が導入された（改正景表法48条）。

　景表法検討会報告書12頁によれば，効果の根拠が全くない表示，自動車の修理歴を偽る場合，二重価格表示で通常価格が実績がない任意の価格である場合等が直罰を行うべき例として挙げられる。ただ，二重価格表示で通常価格とされるものが，実績がない任意の価格だと言うのは広範囲に見受けられる（片岡克俊「座談会」ジュリスト1587-18）。その意味では，その中でも特に悪質なものが直罰制度の対象として想定されていると理解される。

　なお，これは，故意犯であり（渡辺大祐「令和5年景品表示法改正法の概要」法律のひろば2023年8月号19頁），過失では刑事罰は課されない。

　実務上重要とされるのは，ブローカー，インフルエンサー，アフィリエイト広告作成者（中川丈久「座談会」ジュリスト1587-24），リサーチ会社等も共犯となり得ることである（染谷隆明「ヘルスケア・美容分野における景品表示法の問題―合理的根拠資料とNo.1表示を中心に―」法律のひろば2023年8月号43頁）。これまでの行政的対応であれば，対象となる者が限定されていたところ，今回の直罰制度の導入により，一網打尽になる（中川丈久「座談会」ジュリス

ト1587-25,26）とも評されている。とはいえ，誰でも簡単に刑事罰が課されるということではなく，あくまでも故意犯であるから，そのような認識のある者のみが直罰の対象となるだけであることにも留意が必要である。

Q104 その他の改正

> その他の改正の概要を教えてください。

A

適格消費者団体の資料開示要請や，国際的対応に関する規定が入りました。

1 適格消費者団体の資料開示要請

元々，景表法違反に対し，適格消費者団体が訴訟を提起することができるとされていた（景表法30条）。そのような適格消費者団体による，景表法違反抑止や救済の役割がより良く果たせるため，消費者契約法12条の4の例に倣って（渡辺大祐「令和5年景品表示法改正法の概要」法律のひろば2023年8月号18頁），優良誤認ではないかの判断資料を収集できるようにするため，優良誤認に関する適格消費者団体の資料開示要請制度が導入された（改正景表法35条）。この制度においては，適格消費者団体が，事業者に対し表示に根拠があることの説明を要請する事業者としてこれに応じることは努力義務に過ぎないものの，これを拒否したことは裁判所の心証に影響するとされている（中川丈久「座談会」ジュリスト1587-26，27）。また，拒否したことが適格消費者団体HPにおいて公表される（佐藤吾郎「座談会」ジュリスト1587-27）。そこで，事業者としては，それが「努力」義務ではあるものの，少なくとも誠実に適格消費者団体の資料開示要請には対応すべきである。

2 国際的対応

その他景表法違反の国際化に対応するため，域外適用（改正景表法7条3項，改正景表法42-44条），当局間の情報提供（改正景表法41条）等の規定も導入された。

景表法改正

第7章

> 改正景表法を踏まえ，予防法務対応としてどのようにす
> べきでしょうか？　景表法違反を防止するための管理体制
> （広告審査体制）をどのように構築すれば良いですか？

A

　景表法違反を防止するための管理体制（広告審査体制）を適切
に構築することがますます重要となっています。

1　改正前からの管理上の措置に関する規律

　改正前から，既に管理上の措置として景品・表示管理担当を定める等の
義務が課されていた（基礎編Q59，景表法26条）。その意味では，改正前から，
事業者は，景表法違反を防止するための管理体制（広告審査体制）を適切に
構築しなければならなかった。

2　改正による管理体制への影響

　景表法改正が行われたことで，ある意味では，適切な管理体制を行うた
めの「飴」と「鞭」が強化され，管理体制がより重要となったと評するこ
とができるだろう。

　例えば，事業者が管理体制を構築して，できるだけしっかりやろうとし
たものの，たまたま誤表示が出てしまったという場合，その違反が軽微で
あれば，行政指導の話になるものの，それが重大で，これまでであれば措
置命令・課徴金納付命令等も考えられるという場合には，改正で確約手続
きに乗せることで措置命令・課徴金納付命令を回避することができる（な
お，染谷隆明「座談会」ジュリスト1587-17も参照）。これはある意味で，管理体
制が適切に構築されていない場合の「飴」（の拡大）と評することができる。

　これに対し，管理体制を全く講じず，ある意味で確信犯的に行っている
悪質業者に対しては直罰制度の下で厳しいペナルティが科される（本書
Q103）。また，適切な管理体制を有しておらず，景表法違反を繰り返す企
業に対しては課徴金加算制度が適用される（本書Q100）。これは，管理体制

が適切に構築されていない場合の「鞭」である。

3　管理体制構築に向けた対応

　管理体制構築については基本的には管理上の措置指針（基礎編Q59）を参考に，各社においてそこで生じやすい景表法違反の内容であるとか，どこまで担当部門のリソースや経験が豊富か等を踏まえ，体制を構築すべきである。

　例えば，企業によっては，違反の可能性の高い類型について，全件顧問弁護士のレビューに回すというようなところもある。ただ，例えば法務部門に景表法の知識がある人が揃っていれば，顧問弁護士のレビューを受けることまでは必要ではないかもしれない（その場合，基本的には内部リソースで審査するが，内部で検討して分からないところをポイント・ポイントで顧問弁護士に相談することになる）。これは1つの例であるが，決して「この1つの方法のみが唯一の構築すべき管理体制でどの会社もこれを適用すべき」というような話ではなく，各社の実情に応じて体制を構築することになる。体制構築は最後は社内の状況を踏まえて検討せざるを得ないものの，専門家に相談することで，他社事例のうち自社に類似したもの等の参考になる情報を教えてくれるかもしれない。

7　一人法務の良し悪し

　法務を始めてからこれまでずっと一人法務を継続しているが，一人法務の良さと辛さの双方がわかってきた。

　一人法務の辛さは，法務の大変さを本当の意味で分かってくれる人が社内にいないということである。もちろん，上司に対しては自分がいかに頑張っているかをアピールして一定の理解は得ている。しかし，上司が法務ではないからこそ，一人法務なのである。そこで，例えば総務や経理等他の管理部門の経験はあっても，法務を知らない上司に，なぜその予算が新しく必要となるのかを説明する等，法務同士なら多分説明不要な事項に関する説明が必要になるのは大変である。また，チームで対応しているわけではなく，一人分しかマンパワーがないので，忙しい時期に別の大きなトラブルが起こると，とても大変だというのも悩ましい。

　ただ，例えば部下ができれば圧倒的に楽になるのか，というと，例えばすごく慎重に「てにをは」レベルのことまで聞いてくる部下ならば仕事が2倍になるだろう（自分の仕事と，部下のこまかなチェックの仕事の双方をやらなければならない）。だからといって，勝手にやる部下がいいのかというと，もし優秀で自分ができることは勝手にやり，できないことは聞いてくれればいいが，そうでないと「なんでそんなことをやったの？」といった状況が発生してしまい，そのリカバリーにむしろ時間と労力を取られてしまうだろう。

　要するにどのような環境も，「完璧」はないのであって，それを前提としていかに「マシ」にしていくかを考えていく，ということなのだろう。

第8章　人格権・個人情報保護

Q106 購入者の写真

> 新築家屋の購入者とその家族や棟梁の写真を撮影してチラシ掲載する場合に留意することはありますか？　名前だけの場合はどうでしょうか。

A

肖像権やプライバシー権に注意しましょう。

1　写真について

　顔の肖像が利用される場合には，肖像権（基礎編Q41）が問題となる場合（なお，有名人等パブリシティ権が問題となる場合（基礎編Q42）や，写真の著作権が問題となる場合（基礎編第3話））もあるが，ここでは検討の対象としない。

　肖像権は人がみだりに他人から写真をとられたり，とられた写真がみだりに世間に公表，利用されることがないよう対世的に主張し得る権利である（佃克彦『プライバシー権・肖像権の法律実務』（弘文堂，第3版，2020年）370頁）。そこで，同意なくその肖像をチラシに掲載することは被写体が購入者であれ，棟梁であれ，肖像権侵害の可能性がある。

　よって，事前に明確な同意を取得した上で肖像を掲載すべきである。なお，写真や肖像の大きさ，掲載の趣旨，掲載媒体（紙のチラシだけか，オンライン上に掲載するか），掲載期間等を明確にして，「そのような形での掲載に同意していない」と言われないようにすべきである（なお，基礎編Q50においては，サウナ販売会社が，購入者の写真と名前を他の購入者と一緒に小さく特定の新聞に広告を掲載するとの承諾を取り付けたところ，別の新聞にも写真と名前が大々的に掲載され，しかも，存在しない発言までその人の発言として付されたことから慰謝料が命じられた東京地判平成元.8.29判時1338-119を紹介している。）。

2 氏名について

氏名が掲載される場合には，プライバシーが問題となる（なお，態様次第では「氏名権」が問題となる余地もあるがここでは詳述しない。氏名権については，**基礎編Q43**を参照のこと。）。とりわけ，家の写真と氏名（及び肖像）が併記されれば，まさにその人がどの家に住んでいるかを明らかにするものである。加えて，単に引っ越したという話ではなく，家を買ったという内容が含まれているのであれば，大きな買い物をすることができるような財産状態であること等も公表されることになる。もちろん，家の外観写真が公表されたというだけで，誰でもその人の住所を知ることができるものではないが，最近ではGoogle street view等を利用することで特定が容易になっていることも考慮すべきである。

そのような観点から，名前を出す際には事前に上記写真と同様の丁寧な説明をして明確な同意を得るべきである。なお，イニシャルであっても，広告目的を達成することができる場合はあるところ，例えば長期にわたりインターネット上に掲載することが想定されている場合には氏名そのものではなくイニシャルにする方が，後でその広告を見た人から本人が何かを言われて広告取り下げを求められるといった事態を回避しやすくなるだろう。

なお，棟梁の場合はその家を建てることがその業務であることから，プライバシーのそのものの問題は生じにくいものの，いずれにせよクレームリスク（基礎編Q91）に鑑み，本人の同意を得た上で名前を掲載すべきである。

【☞基礎編のQも確認】Q41-Q43，Q50，Q91-Q93

Q 107 店員の写真

クライアントＡ社のチラシ用にＡ社のアルバイト店員の方をモデルに写真を撮影しました。Ａ社のチラシに使用する点についてはモデルの許諾を取っていますが，他の媒体や素材について使用しても良いかについて許諾を得ているかが曖昧です。他の媒体や素材に使用することはできますか？

A

肖像権等の観点からモデルとなったアルバイト本人の意思を確認してから使用しましょう。

アルバイト本人は肖像権を持っている（基礎編Q41）。即ち，みだりに撮影，利用されない権利を有しており，その人が撮影された写真を本人の同意なく利用することは肖像権侵害となり得る。

もっとも，本人の同意を得ていれば肖像権侵害を回避することができる。よって，Ａ社のチラシ用にＡ社アルバイト店員をモデルとした写真を利用するという限りでは本人同意があるので適法である。

問題はその同意の範囲である。即ち，肖像権は人格権であるから，その人格が帰属するところの本人の意思が重要となる。そこで，本人としては，「このチラシ」には写真を利用してもよいが，それ以外の利用までは認めないといった形で同意することができる。そこで，同意していない部分（同意の範囲を逸脱する部分）における利用はなお肖像権侵害となり得る。

本件では，明確な他の媒体や素材への利用許諾が存在しない以上，このままでは後でモデルとなったアルバイト本人が「この媒体や素材に使われるとは聞いてない」と言い出すと肖像権侵害になりかねない（その場合に「このように許諾を取っているから肖像権侵害ではない」と言うことができない）。アルバイトということでＡ社とそのモデルの間に人間関係がある以上，まずＡ社を通じて他の媒体や素材の利用が可能か改めて確認すべきだろう。

【☞基礎編のQも確認】Q41，Q95の15

Q 108 従業員が出演した動画の削除

当社の宣伝のため，従業員の出演する動画を作成し，YouTubeに掲載したものの，その従業員が辞め，削除を求められました。削除すべきですか？

A

予防法務としては同意の範囲などを明確にした動画撮影に関する同意書を取得しておくべきですが，結果的にそのようなものが取得できていない場合，周囲の事情から同意の範囲を認定し，その範囲を超えるのであれば削除すべきです。

1 予防法務

本書Q107のとおり，肖像を利用する場合には，その利用範囲等を明確にした肖像権に関する同意を本人から取得することが必要である（基礎編Q41）。そして，予防法務（基礎編第2話）としては，同意の範囲を明確にした同意書を取得するべきである。例えばYouTubeへアップロードしてその動画をその後も掲載し続けるということに同意する，動画だけではなくその動画から切り抜いた写真をHPやパンフレットに掲載することも含む等，具体的状況において今後どこまで利用が広がる可能性があるか等を踏まえながらそもそも「聞いていない」とか「取り下げて欲しい」というトラブルが発生しないように，そして万が一発生しても，同意を確実に取得していることが証明できるよう，明確な同意書を作成すべきである。

同意書を取得していれば，削除を求められても，原則としてその同意の範囲内ならば少なくとも法的にはそれを引き続き掲載し続けることができる（とはいえ，そのようなクレーム（基礎編Q91）があることから，同意書作成時に丁寧な説明をしていたかは問題となるし，そのような中でその動画を掲載し続けるのか，という点は別途問題となるだろう。）。

2 紛争解決法務

問題は紛争解決法務（基礎編第12話），つまり，明確な同意書を取ってい

ない中で，削除を求められた場合である。まず，いずれにせよ会社として
もう削除して良いと考えるならば話は簡単であり，（仮に掲載を継続すること
が法的に問題がなくても，）念のため削除すれば紛争は解決する。なお，動画
そのものの取り下げではなく，例えばその従業員がワンシーンのみに出演
しているのであればそのシーンのみをカットすることもあり得るかもしれ
ない。

　実務上悩ましいのは，例えば丁度キャンペーンが始まったばかりなので，
会社としては削除したくないところ，その従業員の出演部分を動画加工技
術によって簡単にカットすることもできないという場合である。その場合
には，まさに，周囲の状況から，どこまでが同意の範囲であったと認定で
きるか次第であろう。例えば，基本的にはその特定のキャンペーンのため
にYouTubeに動画を上げること自体は同意しており，ただ，それ以上に，
そのキャンペーン終了後もYouTube上に残り続けるかは明確ではないと
いうことであれば，保守的に考えて，そのキャンペーン終了時点で削除す
ることが考えられる。これに対し，本人としては単なる会社の行事に参加
しただけという認識で，カメラの存在にも気づいていなかった反面，本人
のアップの肖像が長時間繰り返し中心的に写っているといった状況であれ
ば，（会社としては不本意であろうが）早急な削除の方向で対応せざるを得な
いかもしれない。

　具体的な状況における判断がいずれになるにせよ，このようなトラブル
を防ぐためにも予防法務対応が重要である。

人格権・個人情報保護

第8章

Q 109 DM送付のためのお客様カード

> 顧客にDMを送るため，飲食店がお客様カードを作り，お名前，住所，メールアドレス等を登録してもらいます。個人情報の取得にあたっての留意事項は何でしょうか？

A

利用目的等を明確化し，第三者提供及び本人の権利に注意しましょう。

1 個人情報保護法の規律

個人情報保護の規律については，**基礎編第9話**が参考になる。

基本的には，①利用目的を特定し，その範囲で利用すること，②第三者提供については原則として本人同意が必要であること，及び③本人が開示等の請求権を持つことが重要である。

2 利用目的

個人情報の取得前に利用目的を特定しなければならない（個人情報保護法17条1項）。例えば，その個人情報の取得の目的が，DMを送付するためなのであれば，DMを送付するために個人情報を提供してもらう旨を明記して説明するべきであり，例えば，単に「お客様カードに住所氏名等を記入して会員登録すると割引がある」という旨だけを記載して個人情報を取得し，DMを送ってはならない。また，第三者提供（後記3参照）を行うのであればその旨も明記すべきである。原則としてそのような特定した利用目的の範囲でしか利用してはならない（同法18条1項）。

ここで，利用目的をいわゆるプライバシーポリシーで特定して公表することがよく見られる。同法21条は，①予め利用目的を公表するか，②取得の際に利用目的を通知することを求める。そして，この①の予め公表の要件を満たすため，プライバシーポリシーを公表する場合においては，ウェブサイトのトップページから1回程度のクリックで閲覧できるところに掲載すべきである（ガイドライン通則編2-15）。

　そして，本件においては，書面によって個人情報を直接取得している。書面またはウェブサイトの画面等で個人情報を直接取得するのであれば，公表の有無を問わず（「前項の規定にかかわらず」）あらかじめ，本人に対し，その利用目的を明示しなければならない（同法21条2項本文）。そこで，紙であれば申込書に利用目的を明記する，ウェブサイトであればプライバシーポリシーを示して確認させる等の対応が必要である。本件でも，お客様カードに利用目的を明記することが法律上義務づけられている。

3　第三者提供

　DMを自社で送るのではなく，例えばDM業者等の他社に送らせることが多い。個人データを第三者提供するには，本人同意が原則として必要である（同法27条1項本文）。

　しかし，そのDM業者にDMの送付を委託することに伴う第三者提供であれば，例外的に本人同意は不要である（同法27条5項1号が「個人情報取扱事業者が利用目的の達成に必要な範囲内において個人データの取扱いの全部又は一部を委託することに伴って当該個人データが提供される場合」について本人同意を不要とすることを参照。）。但し，それによって情報保護のレベルが切り下がり，本人の利益が害されないよう，監督（同法25条）が求められる。そこでDM業者と個人情報取扱覚書を締結する等（基礎編Q95-10）の監督が必要である（なお，委託とNo Surpriseの原則につき本書Q110を参照。）。

4　本人の適切な権利

　本人は，保有個人データに対し，開示（同法33条），訂正等（同法34条），及び利用停止等（同法35条）の権利を有する（なお，本人の求めに従い一定事項の通知等が必要である。同法32条）。

　実務上は，本人からDM送付を止めてほしいなどと言われることが多い。基本的には，利用する必要がなくなった場合や漏洩の場合等（同法35条5項）が「法的」に利用停止請求権が発生する場合である。しかし，単にDMに使うためだけの目的でお客様カード情報を収集した場合に，もうDMを送らないで欲しいと言われたのであれば，クレームリスク（基礎編Q91）等に鑑み，出来るだけそのような本人の意向を尊重すべきであろう（そもそも，お客様に来店してもらいたいからこの情報を使ってDMを打つのであり，

拒否しているお客様にDMを送るのは逆効果である。)。

【☞基礎編のQも確認】Q91-Q93，Q95の6，Q95の10

Q 110 小売店の予約用紙

> 　小売店が消費者の個人情報を取得して，商品を発送する
> メーカーに渡すにあたって，予約用紙に記入すべき文言は
> 何でしょうか？

A

　書面による直接の個人情報の取得ですので，利用目的等を記
載しましょう。また，メーカーが発送する場合において，個人
情報保護法上の委託の要件を満たせば，必ずしもメーカーに個
人データの提供がされる旨を伝えて同意を得ることは必要であ
りません。しかし，No Surpriseの原則に鑑み，驚きを与えな
いため，個人情報保護法で必ずしも求められていないとしても，
メーカーに提供することを明記すべきです。

1　書面による直接取得

　まず，予約用紙において顧客がその住所，氏名，電話番号等を記載して
注文すると理解されるところ，これは書面で直接個人情報を取得する場合
に該当する。そこで，利用目的を明記しなければならない（本書Q109・2
参照）。

2　委託としての整理が可能であること

　確かに，小売店としては，一度メーカーから納入を受けた上で自ら発送
することもできるが，メーカー等の第三者に発送を委託することもできる。
ここで，個人データの第三者提供については，原則として同意が必要であ
るが（個人情報保護法27条1項），いくつかの例外がある。その一つがいわゆ
る委託の例外であり，この点については**本書Q109・3**を参照されたい。
委託（同法27条5項1号）の要件を満たせば，小売店として本人の同意なく

メーカーに個人データを渡すことができる。その際は委託先の監督（同法25条）が必要であることから，小売店はメーカーによる個人データの取り扱いについて責任を持って監督しなければならない。

3　No Surpriseの原則

このように，同意取得やそのための説明が法律上要求されていないとしても，顧客に驚きを与えることは適切ではない。お客様の個人情報を取り扱う際に，クレームリスク（基礎編Q91）等を踏まえた対応としては，No Surpriseの原則，つまりお客様に驚きを与えないための丁寧な説明等の対応が重要である。自宅に商品が届いた際，顧客としては，「誰から送られてきたものか」ということに当然関心があるだろう。それが小売店であればまさに予想どおりということになるが，メーカーが発送し，メーカーの名前が発送者欄に書いているとすると，例えば受け渡しの際にメーカーからのお届けだと言われたり，不在票にメーカーの名前が載ることになるが，顧客として，「聞いたこともない会社が心当たりのないものを届けてきた」として，不信感を覚えてしまう可能性がある。

そのような状況を可能な限り回避するという観点から，予約用紙に顧客に対してこの商品はメーカーが製造しており，そのメーカーが発送すること等を明記し，明確に説明すべきである。

人格権・個人情報保護

第8章

8　「嫌われ役」

　法務として親しみを持たれなければならないというのは事実であり，情報が適時に入らないような状況では十分に法務の役割を発揮することができない。そこで，ビジネスから信頼を得て，早め早めに情報を入れてもらう必要がある。

　しかし，法務は時には「嫌われ役」を演じなければならないことがある。

　例えば，会社として退職勧奨をする場合，本当は人事のしかるべき人から伝えてもらうのが良い。しかし，例えば人事は事務的に書類を整え手続を進めるだけで，揉めた場合は対応できないとなると，法務がこの役割を果たすべきとされる会社もある。

　そのような場合，いつもコミュニケーションしていない法務の担当者が，深刻な顔をして別室で説明するというシチュエーションが，話を進める上でプラスになることはありそうだと感じるところである。

　とはいえ，このような「嫌われ役」は（相手にとっても自分にとっても）ストレスフルであり，もし可能であればそのような仕事をしなくていい方がありがたいとも思うところである。

第9章 その他

Q111 アンブッシュマーケティング（便乗商法）

> スポンサーではない小売店が，その多く出店する地域を地盤とするスポーツチームの優勝セールをしても良いですか？ もしダメであればチーム名を入れない「優勝セール」だけにすれば良いですか？

A

商標権侵害等の権利侵害行為はまず避けましょう。仮に違法とは言い切れなくても，少なくともオフィシャルなスポンサーであるとの誤認を招く行為はチームからの抗議等のリスクを踏まえ，基本的には避けるべきです。オフィシャルなスポンサー制度以外に地域企業が応援できる制度を設けるチームも増えており，その場合には費用面でもリーズナブルなことが多いことから，検討に値します。

基礎編81頁以下では，アンブッシュマーケティング（便乗商法），すなわち，スポンサーではないにもかかわらず，間接的に特定のイベント（オリンピック）等への協賛を示唆する不正競争行為について述べている。本問はイベント協賛の問題ではないものの，これと同様の状況が問題となっている。

1 商標権の確認

まず，商標権侵害等の権利侵害行為にならないよう，例えば商標権を確認すべきである（本書第2章，基礎編第4話も参照）。ただ，スポーツチームが全ての商品サービスを指定商品，指定サービスとした商標を持っていないことも多い。その結果として，商標権が及ばない範囲の利用である等とし

て，直ちに違法とはいえない，という結論になることもあり得るだろう。

2　オフィシャルスポンサーとの誤認

しかし，ある広告施策が違法ではない，というだけでただちにその広告施策をやっても問題がないとはいえない（換言すれば，問題がないと法務がアドバイスをして良いものではない）。オフィシャルスポンサーは，高いスポンサー料を払っており，チームとしてもそのようなスポンサーに対して配慮している。すると，オフィシャルスポンサーの同業他社がオフィシャルスポンサーと誤認されるようなキャンペーンを実施すれば，スポンサーがチームに対して抗議し，チームとしても抗議することになる。その結果としてキャンペーンの目的は達成できなくなる。このようなクレームリスクを踏まえて判断すべきである（基礎編Q91）。

なお，実務では，「優勝セール」とだけ書いてチーム名を明記しない等，いわば「匂わせ」的なセールを行う会社もあるようである。ただ，その時点で優勝したチームとして取り上げられることが想定されるのが1チームだけで，そのチームのチームカラーを使っていたり，そのチームのコラボ商品をフォーカスしている等の事実関係によっては，そのリスクがチーム名を記載した優勝セールと変わりがないと評すべき場合もある様に思われる（本書Q9も参照）。

3　オフィシャルスポンサー以外が公式に応援できる制度

このような法律相談が（同時期に）複数寄せられることもあるところ，そのような状況が生じるのは，オフィシャルスポンサーになるには費用面から厳しいという側面が大きいからだろう。ここで，オフィシャルスポンサー以外でも地域企業が公式に応援できる制度を設けるチームは多い。

例えば広島東洋カープは商標使用キャンペーン（https://www.carp.co.jp/sponsor22/campaign.html）として，特定のロゴを利用できる制度を設けている。サンフレッチェ広島も，PRサポートショップ（https://www.sanfrecce.co.jp/club/prshop）として応援旗等を掲示できる制度を設けている。

スムーズな優勝セールや応援キャンペーンの実施のためには，このような制度の利用が推奨される。

Q112 「偽造品に注意」とする広告

> 同業他社に自社製品の真似をされたので消費者が間違っ
> て同業他社の製品を買わないよう注意喚起するため，「偽造
> 品に注意」という広告を打ちたいのですが，大丈夫ですよ
> ね？

A

やめましょう。不競法の営業誹謗となるかもしれません。

　不正競争防止法 2 条 1 項21号は，「競争関係にある他人の営業上の信用
を害する虚偽の事実を告知し，又は流布する行為」として営業誹謗が不正
競争行為であるとする。

　そして，本当はAが販売している商品がBの権利を侵害していないのに
もかかわらず，Bが「Aが偽造品を売っている」として小売店等に通告し
たことが営業誹謗とされた事例も存在する（観賞用水槽の吸水パイプの形態模
倣を主張する警告につき，結果として形態模倣に該当しないと判断した上で相手方の
「信用を害する虚偽の事実を告知するものというほかない」として差止を命じると共に，
20万円の損害賠償を認めた東京地判平成27.12.10裁判所ウェブサイト，プログラムの著
作権侵害を主張する警告につき，結果として著作権侵害がないとした上で，その警告が
「虚偽であると認められ，本件通知が原告会社の営業上の信用を害するものであること
はその記載内容から明らかである」等として差止を命じると共に，100万円の損害賠償
を認めた東京地判平成27. 9 .17裁判所ウェブサイト，無効とされた実用新案について技
術評価書により進歩性がないことを知りながら，実用新案権侵害との警告をした行為に
つき「技術評価書を提示することなく，換言すれば，有効性に特段の問題もない権利で
あるかのようにして，本件通知先に前記内容の本件通知を送付したのであるから，これ
は，競争関係にある他人の営業上の信用を害する虚偽の事実の告知に該当するといわざ
るを得ない」として差止を命じると共に，88万円の損害賠償を認めた大阪地判平成
27. 3 .26判時2271-113，著作権侵害を警告した事案について，目的が相手方が教育事業
に進出して自らと競合することを妨害しようとしたものと解さざるを得ないとした上で，

その態様は，敵意，害意を伴う執拗かつ悪質なものというほかないので，このような行為を正当な知的財産権の行使と認める余地はなく，社会通念上許容される限度も超えたものであるとして，2社にそれぞれ200万円と110万円の賠償を命じた大阪地判平成26．7．17裁判所ウェブサイト等を参照。）。

　ここで重要なのは，BがAのみに対して，Aの行為がBの権利（例えば商標権，意匠権，特許権等）の侵害となる旨を通告するだけであれば，例えば後日Aの説明を確認するなどの結果，権利侵害がなかったとわかった（場合によっては裁判で争われた結果，権利不侵害とされた）としても，営業誹謗とされる可能性は低い。

　よって，広告という方法を利用することについては，もしも自社の権利侵害との判断が誤っていれば営業誹謗としてむしろ自社の方が違法行為をしたことにもなりかねないことを踏まえ慎重に対応しなければならない。

　なお，仮に広告という方法を採用するとしても，例えば，自社の製品のパッケージと類似するイメージのデザインを同業他社が採用した，という状況が生じた場合，単に自社製品のパッケージの特徴は「ここ」であるという点を告知するに留め，同業他社と比較したり，同業他社を非難したりしない，という方法を採用すれば，リスクは少なくなる。

Q113 何度も修正させる（カスタマーハラスメント）

当社の顧客の中に広告クリエイティブに細かな注文をつける会社があります。ラフをお見せしてご確認を頂き，それに基づき完成させて終わりなら問題ないのですが，ラフの段階では一切出てこなかった指摘を完成後に言い出して修正を求め，当社がその要求に従って修正しても別の箇所を修正するように要求する等，何度も何度も修正させられ，デザイナー達から不満の声が挙がっています。何か良い方法はありますか？

A

例えば修正回数やタイミングについて事前に合意し，「これが最後の修正で良いか」等と確認しながら進めることが考えられます。それでも修正要望が繰り返されるようであれば，例えば契約書に，修正回数を変えたり合意したタイミングと異なる修正要望は追加料金と明記し，修正があれば「追加料金になる」と説明するという方法があります。そもそも，デザイナーを守るのも会社の責任であり，営業任せにせず，全社的に対応すべきです。

1 はじめに

通常の広告クリエイティブの作成過程においては，アイディア段階，ラフ段階といった過程を経て徐々に具体化詳細されるものであり，完成した画像について（ラフ段階で指摘されるべきレベルの）大きな変更は想定されていない。しかし，実際には何度も変更を要求する顧客が存在するため，その対応が実務上問題となる。

2 全社的対応が必要であること

例えば，広告会社の社内に営業担当者とデザイナーの双方がいる場合において，営業担当者は往々にして，「お客様」にいい顔をしようとする。

その他

第9章

「お客様は神様」，といった発想をまだ持っているというような側面だけではなく，顧客の「無理」を聞いてあげて，ある意味では「貸し」を作ることで，次の案件を受注しようと考え，本来は想定されていないような修正要望であっても受け入れてしまう状況が指摘できる場合もあるかもしれない。いずれにせよ，営業担当者が顧客の修正要望を受け入れることで，しわ寄せが来るのがデザイナーである。そのような無理な要望の繰り返しによってデザイナーが疲弊し，場合によってはメンタルがやられてしまうことさえあり得る。

　事業主が職場における優越的な関係を背景とした言動に起因する問題に関して雇用管理上講ずべき措置等についての指針（パワハラ防止指針）（https://www.mhlw.go.jp/content/11900000/000605661.pdf）7 は，事業主は，取引先等の他の事業主が雇用する労働者又は他の事業主（その者が法人である場合にあっては，その役員）からのパワーハラスメントや顧客等からの著しい迷惑行為（暴行，脅迫，ひどい暴言，著しく不当な要求等）により，その雇用する労働者が就業環境を害されることのないよう，雇用管理上の配慮を行うことが望ましいとする。いわゆるカスタマーハラスメントと言われるような顧客の著しい不当要求に対しては，現場で対応するのではなく，会社全体で対応し，従業員を守らなければならない。

3　契約を利用した対応

　このように，顧客からの繰り返しの修正要求の問題に対しては，全社的に対応すべきであるところ，具体的にどのように対応すべきであろうか。まずは契約での対応を検討すべきである。

　クライアントとの間の契約上，最低限，修正回数やタイミングについて事前に合意すべきであり，また，契約書には修正回数を変えたり合意したタイミングと異なる修正要望は追加料金になる旨を明記しておくべきである。

　また，クライアントの法務担当者はこのような条項のことをよく理解しているかもしれないが，修正を要求する担当者はそのような条項の存在を理解していないかもしれない。そこで，クライアントの担当者に対し，「修正回数を超えた修正や，タイミングを逸した修正は追加料金になる」

等と説明し，「これが最後の修正で良いか」等と確認しながら進めること
が考えられる。

それでも修正要求が繰り返されるようであれば，「追加料金になる」旨
を説明したり，場合によってはこれ以上は仮に追加料金をもらえるとして
も対応できない等と説明すべきである。

4　最後は経営判断も考えざるを得ないこと

上記のような対応においては，まずは営業担当者から依頼をすることに
なるが，それでもクライアントが適切に対応しないとなれば，営業部門の
管理職クラス，場合によっては役員クラスから是正を依頼することも必要
になるだろう。

また，不当要求によってデザイナーが苦しんでいれば，相談に乗る，業
務調整を行う，その他の対応によって，組織として個々の従業員を守って
あげる必要がある。

その上で，最後どうしてもクライアントが不当要求をやめないのであれ
ば，契約継続の可否に関する経営判断を行うしかない局面も出てくるだろ
う。

Q114　クレジットカード会社のロゴ

> クレジットカード会社のロゴ使用のルールを教えてくだ
> さい。

A

**各社がいわゆるブランドガイドライン等を公表しており，そ
れに従って利用しましょう。**

その店舗等でクレジットカードを使えるということを示すため，カード
会社の社名やブランド名を記載する際に，よく知られたカード会社のロゴ
を使うニーズがある。そのような場合，ロゴを使っても良いのだろうか。
この点は各社がいわゆるブランドガイドライン等を公表している。

その他

第9章

189

例えばJCBでは「JCB加盟店様であることを表示する目的にだけ使用」「白縁を取り除いたり，天地左右の比率・デザイン・色・文字などを変更しない」「見出しや文中に使用しない」「他社のマークと並べて表示する場合に，他社のマークのサイズより小さく表示しない」等のルールを定め，上記を遵守の上でJCBマークを利用すると誓約した場合に限り，JCBマークのダウンロードが可能となっている（https://www.jcb.co.jp/merchant/support/logo/jcb/index.html）。要するに，これらのルールを遵守した上でなければJCBマークを利用することはできないが，逆にいえばその条件を遵守すれば利用することができるということである。

また，VISAにおいても，Visa Digital Brand Requirements（https://spponeimages.azureedge.net/prod/f41265a8-46fd-46ce-8941-843435f7b0a4Visa%20Digital%20Brand%20Requirements%20-%20March%202022.pdf?v=0）等において「The Visa Brand Mark cannot be displayed in any other color apart from the specified white and blue.（VISAブランドのマークは特定の白色及び青色を除く他の色で表示されてはならない。）」等のルールを定めている。

そこで，利用したいロゴに応じて，このようなそれぞれのルールを遵守した上で利用する必要がある。

Q 115 外国旗

外国旗使用のルールを教えてください。

A

商標としての利用は認められませんが，デザインとしての利用は可能です。

不正競争防止法16条・17条は外国の国旗や紋章，国際機関の標章の商業上の使用を禁止している。その趣旨は，「工業所有権の保護に関するパリ条約」6条の3にある国の紋章等の保護を実施し，もって外国の国の威信や国民の名誉感情を守ろうとするものである。

もっとも，不正競争防止法16条1項本文が「何人も，外国の国旗若しく
は国の紋章その他の記章であって経済産業省令で定めるもの（略）と同一
若しくは類似のもの（略）を商標として使用し（略）てはならない。」（強調
筆者）とするように，あくまでも「商標として」の使用が制限されている
にとどまる。

例えば，フランス産ワインを宣伝するPOPとしてフランス国旗を利用
したり，ドイツ食品フェアの装飾としてドイツ国旗を利用するといった利
用であれば特に問題はない（「不正競争防止法での外国国旗等の商業上の使用に関
するQ＆A」Q2（https://www.meti.go.jp/policy/economy/chizai/chiteki/hatashourei.
html））。

とはいえ，このような商標的使用でなければ大丈夫というのは，上記の
不正競争防止法16条・17条の規制の話に過ぎない。例えば，フランス国旗
を利用してワインを宣伝したが，ワインがフランス以外の産地のもので
あった等，その使用により商品の原産地を誤認させることのないようにし
なければならない（本書Q75も参照）。

なお，フランス国旗のつもりでオランダ国旗を利用していたといった場
合，仮にクライアントのチェックでOKが出ても，後で指摘を受けると修
正等が必要になることから，正確性に留意が必要である（基礎編Q91）。

Q116 SDGsカラーホイール

> SDGsカラーホイール使用のルールを教えてください。

A

ガイドラインに準拠して利用すべきですが，商業目的であれ
ば許可が必要です。

いわゆるカラーホイールを含むSDGs関係のロゴについてはガイドライ
ン（https://www.unic.or.jp/files/SDG_Guidelines_AUG_2019_Final_ja.pdf）が利用
方法を定めており，①情報提供目的の場合には，許可が不要，②資金調達

その他

第9章

又は③商業用途の場合には許可が必要としている。広告宣伝の場合には③商業用途になる可能性がある。

　ガイドラインは,「情報目的での使用とは,主として例示的かつ非商業的で,資金調達を意図しない使用を指す」「商業用途での使用とは,SDGsをさらに広めるための営利主体による,または,商業的もしくは販促用商品および/もしくは製品における使用を指」すとしており,その趣旨は必ずしも明確ではない。

　しかし,FAQ（https://www.unic.or.jp/files/SDG_Branding_FAQ_Japanese.pdf）では,「プレゼンテーションや社内報,非財務報告または年次報告その他,自社のSDGs関連活動やSDGsに対する支援を表すための会社資料など,主に事例を示すことを目的とする用途について,許可は必要ありません。」としていることから,例えば,自社のSDGs活動に関する広報を行う場合には許可不要の①情報提供目的に該当する可能性がある。

　なお,許可を得たい場合には,アイコンやロゴをどのように使用するつもりかを具体的に示すサンプルまたは試作品に希望する用途の簡潔な記述を添え,件名をすべて大文字で「SDGs LOGO/ICON REQUEST」とした英語のメッセージをsdgpermissions@un.orgまで送付することになる。

Q 117 SNSと炎上トラブル

> 当社として公式SNSアカウントを開設するものの,慣れていないため,炎上等が不安です。SNSを運用する際の注意点を教えてください。

A

　SNSに慣れた従業員をアカウント担当者に指定した上で,まずは,「固い」アカウントとして運営しましょう。もちろん,将来的には「柔らかい」アカウントとする可能性もありますが,それは公式アカウントの運営に慣れた後で考えましょう。

1　アカウント運営方針

　会社の公式アカウント運営方針としては，いわゆる固いアカウントと柔らかいアカウントの2種類がある。前者は原則として一方的な告知を行うだけで，特に他のユーザと交流をすることはない。後者は他のユーザとの積極的交流を行い，その企業を身近に感じてもらう。

　SNS運営に慣れていない企業であれば，まずは固いアカウント運営方針で始め，その後少しずつ柔らかくしていくべきかを検討すべきである。

2　固いアカウントの留意点

　固いアカウントにおいては，HPに掲載したニュースリリースを紹介する等のいわゆる「告知アカウント」として利用することになる。多くの会社はHPの運用をしていると思われるところ，HPの更新時にその旨をSNSに投稿するというだけの運用であれば，炎上リスクを抑えることができるだろう。もっとも，以下の点に留意が必要である。

　まず，誤記やタイミングの誤り等のミスのリスクである。例えば，予約投稿をしたつもりが，そのタイミングで公開されてしまい，本当はコラボ先との約束で「解禁日」まで公表してはいけなかった情報を公表してしまう等のミスをしないよう注意しなければならない。

　次が，アカウント切り替えミスである。確かにSNS経験がある担当者に対応をさせるべきではあるが，本来は，業務用パソコンでは公式アカウントのみを運用し，個人アカウントは担当者の個人パソコンや個人スマホで運用するというように，機器を分けるべきである。しかし，時々，同じ機器で複数アカウントを運用してしまい，アカウントの切り替えに失敗した結果，個人アカウントの投稿を公式アカウントで行ってしまい，炎上する可能性がある。例えば，個人アカウントで自分が好きな芸能人のアカウントにリプライを送るというのはそれが迷惑行為の域に至らない限り本人の自由ではある。しかし，担当者がアカウントの切り替えを間違い，公式アカウントでそれをすると炎上等になりかねない。

　最後が担当者が個人的にDM等を利用するリスクである。例えば社内でSNSを使う人がほとんどいない場合，広報部門内においては公式アカウントのIDとパスワードを共有しているものの，事実上ログインするのが一

人だけということもある。その場合に担当者がアカウントを私物化する事態が生じ得る。とりわけDMという表に出ない形で交流できる方法が存在することから，自社のユーザや自社が契約しているタレント等に対し，まるで「公式アカウント」の公式な連絡であるかのように連絡を取り，例えば私的な交際を試みる等の状況が生じれば重大な問題となる。

このようなリスクを把握した上で社内でルール（**本書Q118のソーシャルメ**ディアガイドライン参照）を作り，また複数人でチェックしながら運用するべきである。

このような固いアカウントの運用をすると，せっかくアカウントを作成したのに，フォローしてくれる人がほとんどいないという状況が生じがちである。これはある意味マイナスではあるものの，担当者がまだ慣れていない段階で大量のフォロワーがいる方が炎上リスクがあって危ない，と考えれば，そこまでマイナスに捉える必要はないかもしれない。

3 「柔らかい」アカウント

なお，企業アカウント同士で交流をしたり，一般消費者の投稿に当意即妙のツッコミを入れる等，「柔らかい」アカウントを運営する企業も存在する。

このような場合には，当然のことながら，アカウント運営担当者としては「いけている」と思うような投稿が，少なくとも企業の公式アカウントとしてはふざけ過ぎ，やり過ぎ等として強い批判を浴び，炎上するリスクが高まる。典型的には，無関係な一般人の投稿に，自社の宣伝リプライをつける等が，「スパム」と批判され炎上しやすい企業アカウントの行動である。投稿時間が深夜や土日である場合，場合によっては「過重労働では？」等と指摘されることもある。基本的には，相当な手腕を持ったアカウント運営担当者が必要であり，かつ，そのような能力を持った担当者であってもミスをすることがあるので，時宜に適ったピアレビュー（別の人が成果物を詳細に評価・検証するレビュー）をするだけの人的組織的体制があるか等を踏まえ，一定程度柔らかくするとしても，どの程度まで許容するかを判断していくべきである。なお，もし一人の担当者だけの判断で柔らかい投稿を行うことができるとすると，ミスの可能性が増えるだけではなく，

その人の異動や退職により，アカウントが事実上「変質」することにも留意が必要である。

4　その他

　なお，SNSガイドラインを設けることも重要であり，この点については本書Q118を参照のこと。

【☞基礎編のQも確認】Q95の17

Q118　公式SNSアカウントコミュニティガイドラインの作り方

> 　自社で公式SNSの運用を開始するにあたり，公式SNSのコミュニティガイドラインを作成することになりました。その際の留意点を教えてください。

A

　コメントや転載内容はお客様の感想であること，禁止事項，権利関係等を規定すると良いでしょう。

　公式SNSアカウントにおいては，消費者との交流が期待され，その中で，マーケティング効果が期待される。もっとも，SNSにおける発信が誤解を招いたり，トラブルが生じる可能性もあることから，そのリスクを軽減するために規程等で対応することが必要である。その具体的方法としては，適切なコミュニティガイドラインを策定することが重要である。

1　会社の規程類の体系との関係

　まず，従業員の私的なSNSの利用や公式SNSアカウントの運用に関してソーシャルメディアガイドラインを策定することはよく見られる。その中では，従業員に対し，個人アカウントと公式アカウントに分けてSNSを利用する際の留意点を規定することが通例的である。しかし，このような規程はいわゆる社内規程であって公表を予定するものではない（本書Q117参照）。

　これに対し，社外のSNSユーザと交流するにあたっては，そのような社

その他

第9章

外の人との間の関係を規律するため，社外に公表されるルールとしてのコミュニティガイドラインを策定することになる。

その際は，プライバシーポリシー（基礎編Q95の7参照）等で既に個人情報等の取り扱いについて規定していることが前提となる。そこで，公式アカウントのプライバシーポリシーの内容がSNSにおける情報取得等に対応しているかを確認すべきである。但し，プライバシーポリシーが存在していても，交流するアカウントのSNS上の公開情報にアクセスすることをコミュニティガイドラインで再度確認することは有益であろう。

2　コメントや転載内容の位置づけ

例えば公式SNSで「当社はこのような新製品を発売しました！」という趣旨の記事を投稿したとする。これに対し，様々なコメントが寄せられたり，また，当該新製品を利用したユーザの投稿を転載して，公式SNSのフォロワーが閲覧できるようにすることもある。

いわゆるステマ規制については，本書Q72以下で述べているところであるが，公式SNS上にユーザが寄せたコメントや，公式SNSが転載した投稿自体は，ユーザの個人的感想であり，会社の公式見解ではないということを明確にコミュニティガイドライン上に規定することで，ユーザの誤解を避けることは有益である。

3　禁止事項

既にSNSの規約で一定の事項は禁止事項となっているが，コミュニティガイドラインにおいては，特に公式SNSアカウントとの関係で問題となり得る禁止事項を明記することが有益である。例えば，公式SNSアカウントの投稿は拡散されることが多いことから，そのような有名な投稿に対して無関係なコメントをすることで自己のサイトに誘導するようなスパム行為がなされることがある。また，公式SNSにコメントをする人に対して誹謗中傷をすること等も見られる。そのような事項をコミュニティガイドライン上で禁止事項とすべきである。

4　権利関係

公式SNS上の写真やそこで言及されるブランド名等は，自社が権利を有していたり第三者である権利者からライセンスを受けていたりする。例え

ば，SNSの公式の拡散機能を利用して拡散や転載してもらうことは有益であるが，例えば写真を切り取って自己のビジネスのために利用する等の不適切な利用は上記の禁止事項の中で禁止する他，権利関係をコミュニティガイドラインに明記することで，ユーザが勝手に自由に利用できるものではないことを明らかにすべきである。

【☞基礎編のQも確認】Q95の17

Q119 メタバースと広告

> メタバース上で広告を行う際の留意点を教えてください。

A

メタバース上で現実世界のサービスの広告をするのか，それともメタバース上のサービスや商品の広告なのかに留意しましょう。

1　メタバース上の広告の2類型

メタバースは2021年から2022年に爆発的に話題となったものの，2023年以降は「ブーム」という印象はなくなった感がある。しかし，決してメタバース自体が消滅したのではなく，メタバースはインフラとして，そこでビジネスをしたい堅実な企業や志がある人が集まっている。その意味では，投機的な心情のプレイヤーが激減し，むしろ従前と異なる意味における熱気がある状況と評することもできるかもしれない。

そのようなメタバースで広告を行う際には，メタバース上の広告に二類型があることに留意すべきである。すなわち，メタバース上で現実世界のサービスの広告をするのか，それともメタバース上のサービスや商品の広告なのかという点に留意すべきである（なお，メタバース全体につき，https://www.icr.co.jp/newsletter/wtr409-20230427-keiomatsuo.html以下の筆者によるメタバース法（アバター法）に関する連載を参照のこと。また，メタバースとの関係で問題となることも多いブロックチェーン，NFT，スマートコントラクト等につき，清水＝

197

荒巻『スマートコントラクトの仕組みと法律』（中央経済社，2023）を参照のこと。）。

2　メタバース上で現実世界のサービスの広告を行う場合

　例えば，屋外に自社のブランド名を冠した看板を掲げるのと同様，メタバースの世界の建物に同様の看板を掲示することで現実世界の商品やサービスを広告することは考えられる。

　例えば，VRゴーグル等，比較的メタバースにいる人が興味を持つような商品やサービスならば，それが現実世界の商品やサービスであっても，あえてメタバースで広告をする意味があると思われる。

　この場合には基本的に，現実世界の法令が適用される。つまり，決して，仮想空間だから何をしても自由であって，現実世界の法律は無関係ということではなく，当然のことながら広告関連法令を含む現実世界の法令に違反することはできない。例えば，VRゴーグルの広告の際に，優良誤認を招くような表示をすれば，それは景表法違反となり得る（**本書第3章，基礎編Q62以下参照**）。

　但し，メタバースの特性から，もしそれが現実世界であれば適用されていたであろう特定の法令の条項が適用されないこともある。例えば，屋外広告物に関する規制（**基礎編Q86参照**）はそれが現実世界における「屋外」で適用されるため，メタバースには適用されないだろう。

3　メタバース上のサービスや商品の広告の場合

　この場合においても基本的には前記2で述べたことが当てはまる。もっとも，商標法，著作権法等の知的財産関連諸法令の適用において，現実空間と異なる結果となる可能性に留意が必要である。例えば，バッグを現実世界で販売し，それに対して，指定商品をバッグとする登録商標を付しているバッグメーカー A社が存在するとしよう。しかし，その登録商標が，メタバース上の「バッグ（正確にはバッグ風の外観の，アバターが手で持つことができるアイテムであるが，以下「バッグ」と呼ぶ。）」に及ぶのかといった問題がある（商品・役務の類似につき，**本書Q26，Q27及び基礎編61頁を参照**）。同じ商標について，オンライン上のバッグについては商品の類似性がないとして別会社であるB社が商標登録をしていると，広告会社がA社の依頼を受けて当該登録商標を用いたメタバース上でバッグの広告を出すとすぐにB社か

ら商標権侵害の通告がされるかもしれない。だからこそこの問題は広告会社にとっても重要である。

Q120 予告広告

> 　予告広告である旨を表示すれば建築確認等を経ていないマンションでも広告することができるのですか？

A

ダメです！

1　はじめに

　広告開始時期に関する規制の存在は不動産業界ではよく知られているが，予告広告という制度が「勘違い」され，「予告」という形であれば広告開始時期に関する規制が回避できる，といった誤解をしている人もいるようである。予告広告である旨を表示したからといって建築確認等を経ていないマンションの広告ができるものではない。以下，広告開始時期に関する規制と予告広告についてそれぞれ概説しよう。

1　広告開始時期に関する規制とその対応

　宅建業法33条は「宅地建物取引業者は，宅地の造成又は建物の建築に関する工事の完了前においては，当該工事に関し必要とされる都市計画法第29条第1項又は第2項の許可，建築基準法（昭和25年法律第201号）第6条第1項の確認その他法令に基づく許可等の処分で政令で定めるものがあつた後でなければ，当該工事に係る宅地又は建物の売買その他の業務に関する広告をしてはならない。」としている（不動産の表示に関する公正競争規約（以下，「表示規約」という。）5条も参照）。要するに，宅地造成や建物建築工事の完了前の広告が一切禁止されるものではないものの，工事に関する許可や建築確認等の後でなければ広告を行ってはいけない，ということである。

　このような広告開始時期に関する規制がなされているのは，開発計画や建設計画を立てても，開発許可や建築確認の過程で大幅に計画を変更せざ

るを得ないこともあるため，現実にそれが実現できる保証がないからである（『不動産広告』39頁）。

この規制に関して実務上重要なのは，広告である限り，後述の予告広告であっても建築確認等を取得する前に行ってはならないということである（『不動産広告』39-40頁及び229頁参照）。

2　予告広告

予告広告とは「販売区画数若しくは販売戸数が2以上の分譲宅地，新築分譲住宅，新築分譲マンション若しくは一棟リノベーションマンション，又は，賃貸戸数が2以上の新築賃貸マンション若しくは　新築賃貸アパートであって，価格又は賃料が確定していないため，直ちに取引することができない物件について，規則に規定する表示媒体を用いて，その本広告（第8条に規定する必要な表示事項を全て表示して物件の取引の申込みを勧誘するための広告表示をいう。）に先立ち，その取引開始時期をあらかじめ告知する広告表示をいう。」（表示規約4条6項3号）。やや長い条文なので，以下，マンション売買を前提に説明していこう。

不動産広告においては，（表示規約8条の表示事項の適用を受けない媒体の場合（『不動産広告』223-224頁参照）を除き，）本来，広告事項が全て決まった後ではじめて広告を行うことが原則である。そして販売価格も広告事項に含まれている。ここで，販売価格が未確定の場合において，それ以外の事項を広告する道をひらくため，特例として予告広告が認められている（表示規約9条）。つまり，販売価格を明らかにしない特別の広告が一定の条件の下で認められており，これが予告広告である。

予告広告では，価格等の一定事項を省略することが可能である。その反面，①予告広告である旨及び価格が未定である旨等の事項を記載しなければならないこと（表示規約施行規則5条2項各号参照）及び②取引開始前に一定の方法で（予告ではない）「本広告」を行わなければならないこと（表示規約9条2項）が重要である。要するに，あくまでも予告なのだから，その旨を説明しなければならないし，これから行われることが「予告」されたところの「本広告」も行わなければならない。

Q121 SNSでの不動産広告

> 文字に字数制限があるSNS上での不動産広告を打ちたいと思います。字数制限のため，必要事項の全てを記載できませんが，記載しないこともやむを得ないですよね？

A

　結果的には全ての事項を記載頂く必要がありますが，字数制限等があるのであれば他のサイトへのリンクも可能です。

　不動産広告については表示規約8条，表示規約施行規則4条及び同別表に従い，広告方法ごとに必要な表示事項（物件概要）の表示が義務付けられている。そして，「インターネットによる広告表示」（表示規約4条5項1号。なお，表示規約施行規則2条1号も参照）についても，そのような必要事項が列挙されているので，これらを全て省略なく表示することが必要である。

　ここで，HPにおける広告はもちろん，SNS上の広告もまた「インターネットによる広告表示」に該当する。そこで，SNS上の広告であっても必要事項を記載することが義務付けられている。

　もっとも，SNSでは字数制限等の関係で全ての事項の表示ができないことがある。そこで，他のサイトへリンクを設定することも可能されている（『不動産広告』236-237頁）。

Q⑫ 物件の最寄りの交通機関への距離表示

不動産広告においてどのように交通の利便を表示すべきですか？　具体的にどこからどこまでの距離で計算するのですか？　例えば，駅であれば，改札口からですか？

A

例えば駅との距離を想定すると，物件側は，土地等であれば「物件の区画のうち駅その他施設に最も近い地点」，マンション・アパートでは「建物の出入口」です。駅側は，駅の利用時間内において常時利用できる「その駅の出入口」です。改札口を基準とする必要はありません。

不動産広告においては，例えば駅からの距離等の交通の利便の表示は重要であり，既に**基礎編Q114**でも道路距離80メートルにつき１分で計算するべきこと（表示規約施行規則９条９号）等について触れたところである。

それでは，物件から施設（例えば駅までの距離）は，どこからどこまでの距離で計算するのだろうか。ここで，表示規約施行規則９条７号は「道路距離又は所要時間を算出する際の物件の起点は，物件の区画のうち駅その他施設に最も近い地点（マンション及びアパートにあっては，建物の出入口）とし，駅その他の施設の着点は，その施設の出入口（施設の利用時間内において常時利用できるものに限る。）とする。」と定めている。

すなわち，物件側は土地等であれば「物件の区画のうち駅その他施設に最も近い地点」，マンション・アパートでは「建物の出入口」から測定する。例えば，マンションの複数の出入口のうち最も近い出入口からの距離を記載することも可能である。但し，どの出入口か（例えばサブエントランスであること）や，その出入口の制限事項（例えば夜間は利用できないならその旨）も記載することが望ましい。

また，施設側，例えば駅であれば，改札口を基準とする必要はなく，駅の出入口のうちの物件に最も近いものを選択し，例えば，地下鉄であれば

202

A1出口徒歩5分等とすればよい（『不動産広告』248-250頁）。但し，出入口のうち施設の利用時間内において常時利用できるものに限られることには留意が必要である。

Q123 新築表示

> 新築物件の契約成立後，入居前に買い戻すこととなり，新築後1年以内に再度販売を開始する場合，「新築」と広告することはできますか？

A

　一応できますが，既に保存登記がされていれば，税制上の優遇措置の支援が得られない等，いわゆる「新築物件」と異なる扱いになる旨を明確に説明すべきです。

　新築とは「建築工事完了後1年未満であって，居住の用に供されたことがないもの」をいう（表示規約18条1項1号）。ここで，建築工事の完了とは，建物をその用途に従い直ちに使用することができる状態に至ったこと（同規約18条1項6号）をいい，具体的にはガス，水道，電気等の施設が整備され（使える状態となり），入居者が引っ越しをした場合に特段の支障なく生活できる状態をいうとされる（『不動産広告』264-265頁）。

　ここで，本問の状況であれば，確かに新築後1年以内でかつ未入居であることから，「新築」との表示をするに足る要件を満たし，一応新築表示をすること自体は表示規約違反にはならないと思われる。しかし，何の問題もないものではない。

　すなわち，所有権の保存登記がされる等で税制上の優遇措置の支援が得られない等，いわゆる「新築物件」と異なる扱いになる可能性がある。もしそうであれば，買主に通常の新築物件と同様であるとの期待を持たせることで，不測の不利益をもたらす恐れがある。そこで，重要事項説明書等で明確に説明し，誤解がないようにしなければならない（『不動産広告』261-262頁）。

その他

第9章

コラム9　「中間の人」をたくさん作る

　社内に仲が良い人は何人かはできるだろう。しかし，全ての人が「お友達」になるはずがない。それが会社である。むしろ，「嫌いな人」を作らず，「中間の人」をできるだけ多く作るべきである。

　ここでいう「中間の人」というのは，特に好きでも嫌いでもないが，あなたが頼むと「しょうがないか」と思って最後はやってくれる人である。会社で仕事をしていると色々と嫌な感じの人とも付き合わざるを得ない。そのような場合にケンカをしたり，論破をしたりするのは簡単である。しかし，そこをグッと我慢して，「そこをなんとか」等と相手のメンツを立てる。そのようにしてうまく「中間の人」を増やすことができると，場合によっては「嫌いな人同士があなたを『ハブ』にしてコミュニケーションする」ような状況も発生する。それはそれで面倒であり「直接やってくれ」とは思うのだが，そのような形の協力も，その人に対する「貸し」になる。うまく「貸し」を作り，お願いすべき時にうまくお願いを聞いてもらえるようにする。

　このような人間関係の重要性はどの職種でもあてはまるが，とりわけ法務は，多くの場面で「情報が欲しい」とか「このルールに新たに従って欲しい」，場合によっては「案件を止めなければならない」等，お願いをしないといけない状況が多い。そのような場合に「この人は嫌いだから」として拒否されるというのでは大変困ったことになる。だからこそ，法務こそ「中間の人」をたくさん作るべきである（**基礎編コラム9「嫌われない法務になるために」**も参照。）。

第10章　ChatGPT・AI時代の広告法務

Q124 広告業務におけるChatGPTの利用と留意点

　広告業務でChatGPTを利用することは可能ですか？　その場合に何を気をつけるべきですか？

A

　ChatGPTはアイディア出しにおいて有用ですが，著作権侵害その他のリスクがあるので，社内ルールを策定し，これを遵守しましょう。

1　アイディア出しにおける有用性

　コピーライターは100案出せる人が強い等と言われることがあるが，なかなか100個もアイディアは出ないし，イマドキの部下に「100個アイディアを考えつくまで帰るな」とか言えばパワハラものである。

　ところが，ChatGPTは10案なら10案，100案なら100案，1,000案なら1,000案，言われたとおりにアイディアを出す。そして，AIなので，1,000案を出せと言ってもパワハラにならず，いわば何個でもアイディアを出させ放題である。そのような意味で，ChatGPTはアイディア出しにおいて有益である。

　もっとも，ChatGPTから出てくるアイディアは若手レベルであって，実務でそのまま利用できるレベルのものにはならない。ChatGPTがたくさんアイディアを出すので，それを参考にしながらも，最後にどのようなコピーとするかは，自分で考えるという，いわゆる「たたき台」の役割を果たせるべきである。

2　リスクと社内ルール

　短いキャッチフレーズ程度だと，そもそも著作物性（基礎編Q18）が否定

されることが多いように思われるが，それでも商標の問題（**本書第2章，基礎編第4話**）やクレームリスク（**基礎編Q91**参照。特にChatGPTが学習に基づき既存のキャッチフレーズとほぼ同一のものを表示することがあるところ，それを鵜呑みにしてそのまま使えば，そのようなリスクは高いだろう。）等，様々なリスクがあるし，また，長めのものであれば著作権侵害の可能性も出てくる。なお，画像生成AIのリスクに関する**本書Q19**も参照のこと。

　このような状況を踏まえ，すでに，社内ルールを定めている企業も多い。広告における利用，特にアイディア出しにおける利用であれば，以下のポイントのうち，重要情報の入力についてはあまり関係がないように思われるが，現時点でルールが未策定であればこれを参考に策定し，また，策定済みであればそのルールを再確認し，遵守すべきである。なお，詳細は松尾剛行『ChatGPTと法律実務』（弘文堂，2023）189頁以下を参照のこと。

【既に存在するデータを学習した結果が表示されることによる，著作権侵害等のリスクへの対応】

　例えば，ChatGPTが既存のコピーを学習し，結果として既存のコピーと一言一句同じものを表示するかもしれない，たくさん出てきたアイディアのうち，使ってもいいかなと思ったものについては，Google検索にかける等で既に類似のものが存在するのではないかをチェックし，後でクライアントから，「パクリと言われてクレームがついてます」等と言われないようにすべきである。

【個人情報，機密情報その他の重要情報の入力】

　個人情報や機密情報等の重要情報をChatGPTに入力することでそのような情報が漏洩することが懸念される。例えば，ChatGPTの学習をオンにして，例えば，契約をChatGPTに修正させようと，自社名やクライアント名を入れた契約をそのままChatGPTに入力すると，ChatGPTがその内容を学習してしまい，類似の契約について質問した，全く無関係の人にそのまま表示されてしまうかもしれない。そこで，入力の際はこのような点に留意すべきである。

【参考としての利用】

　いずれにせよ，ChatGPTには様々なリスクがある以上，それをそのま

ま業務に利用することは避けるべきである。あくまでもこれまで学習した
データを総合すれば，そのようなことを言えるのではないかという程度の
ものであるし，インターネットの情報以外に学習が進んでいないことから，
回答結果の質が低い場合もある。そこで，現段階ではあくまでも参考とし
て利用するに留めるべきである。そして，上記のアイディア出しでの利用
というのは，まさにこのような参考としての利用の例である。そこで，ま
ずはこのような方向性の活用を試してみることが望ましい。

　なお，画像生成AIについては本書Q19も参照。

Q125 ChatGPT時代の広告業界

> 　ChatGPT時代の広告業界をどうすれば生き抜くことがで
> きますか？

A

　ChatGPT時代であるという意味は，漫然と対応すると，いつ
の間にかAIに代替される人材になりかねないということです。
逆にいえば，AIをうまく利用することで，付加価値の高い人材
になり得ます。そこで，AIをうまく利用し，AIのできないこと
やAIが苦手なことについて付加価値を発揮しましょう。

　ChatGPT時代においては，多くの仕事がAIに代替されるだろう。30人
以上ディレクターがいたのがゼロになった広告会社もあると報じられてい
る（https://xtech.nikkei.com/atcl/nxt/column/18/02466/052600002/）。

　しかし，ChatGPTは決して万能ではなく，人間しかできないことや，
人間こそ上手にできることも存在する。

　そのような状況下においては，まさにそのような「AIのできないこ
と」や「AIが苦手なこと」について付加価値を発揮できないか，キャリ
アデザイン（拙著『キャリアデザインのための企業法務入門』（有斐閣，2022）参
照）を工夫すべきである。

ChatGPT・AI時代の広告法務

第10章

1つの方法は，ChatGPTの提供できるレベルを超えた高いレベルの成果を志向することである。ChatGPTの「たたき台」をもとに，それを超えたアウトプットを出すことで差別化が可能となる。例えば，広告企画やコピーについて，「ブレスト」等はChatGPTを利用して行うものの，人間がその経験や創造性を生かして，本当の意味で人の心に響く企画にすることが考えられる（**本書Q124参照**）。

　もう1つの方法は，組織作りやそのルール作りへの貢献や，どの部分にChatGPTを利用するかというタスク設計や，どのデータを入れるかで差別化をする方向性である。上記のとおり，広告会社ではAIの導入がすでに始まっており，新たなAI時代に備えた準備を行うことができる人材が重要となっている。

　更に，ChatGPTの作成した成果物をどのように利用してビジネスにつなげるか，という観点からのコミュニケーションや意思決定等の部分で差別化する方向性もある。例えば，どのようにクライアントにプレゼンをして案件を獲得していくかであるとか，クライアントとどのようにコミュニケーションをして，クリエイティブの内容について承認を得て，クライアントを満足させるかといった点はまさに人間こそがその付加価値を発揮すべき点であろう。

　このいずれか又は複数を選んで強みを発揮する際には，ChatGPT等のAIの支援を受けて業務を行うことになることから，ChatGPT等のAI技術のテラシーを習得することも重要である。

　なお，画像生成AIについては**本書Q19**も参照。

　これらの点について，特に企業法務の視点から論じている拙著『ChatGPTと法律実務』（弘文堂，2023）を参照されたい。

━━━━━ コラム　とある法務部員の一日 ━━━━━

10　実践あるのみ

　広告法務の大変なところは，関連する法令が多数存在し，急速に新しい法令が登場したり，法令が改正されることである。本書序章にもあるように，最近でも多数の法令改正が行われている。

　このような広告法務を行う上では，もちろん本書や基礎編を含む読書をしたり，セミナーを受講する等の座学での勉強も重要である。

　しかし，それだけでは広告法務の勉強は完結しない。実践を通じて，座学で学んだ知識を有機的に結合させることで，はじめて広告法務の能力が涵養される。私も，確かに一度は本で読んだが，その段階では，「ふーん」としか思わなかったという内容について，具体的な事案が生じたことから，弁護士の先生と協力して実践を行い，その結果として初めてその知識が「モノ」になったという経験がある。

　本書の読者の皆様は日々の実務がとても大変かもしれないが，それぞれが皆様の血肉になっていくと信じている。

ChatGPT・AI時代の広告法務

第10章

付　録

事項索引

付
録

付
録

著者略歴 (2023年10月現在)

松尾　剛行（まつお　たかゆき）（メールアドレス：mmn@mmn-law.gr.jp）

桃尾・松尾・難波法律事務所パートナー弁護士（第一東京弁護士会）・ニューヨーク州弁護士，北京大学博士（法学），慶應義塾大学特任准教授，中央大学講師（非常勤，後期担当），学習院大学講師（非常勤），九州大学講師（非常勤，集中講義担当），一橋大学客員研究員（以上就任順）。

主な著書として，『第2版　広告法律相談125問』（日本加除出版，2022年），『ChatGPTと法律実務—AIとリーガルテックがひらく弁護士／法務の未来』（弘文堂，2023），『ChatGPTの法律』（共著，中央経済社，2023），『クラウド情報管理の法律実務』（弘文堂，2023），『キャリアデザインのための企業法務入門』（有斐閣，2022年），『紛争解決のためのシステム開発法務：AI・アジャイル・パッケージ開発等のトラブル対応』（共著，法律文化社，2022年），『キャリアプランニングのための企業法務弁護士入門』（有斐閣，2023年近刊予定）他。

実践編　広告法律相談 125 問

2023年10月30日　初版発行

　　　　　　　　　　　著　　者　　松　尾　剛　行
　　　　　　　　　　　発 行 者　　和　田　　　裕

　　　　発 行 所　　日 本 加 除 出 版 株 式 会 社
　　　　本　　　社　　〒171-8516
　　　　　　　　　　　東京都豊島区南長崎3丁目16番6号

組版　㈱粂川印刷　　印刷　㈱亨有堂印刷所　　製本　牧製本印刷㈱

定価はカバー等に表示してあります。
落丁本・乱丁本は当社にてお取替えいたします。
お問合せの他、ご意見・感想等がございましたら、下記まで
お知らせください。

〒171-8516
東京都豊島区南長崎3丁目16番6号
日本加除出版株式会社　営業企画課
電話　　03-3953-5642
FAX　　03-3953-2061
e-mail　toiawase@kajo.co.jp
URL　　www.kajo.co.jp

© 2023
Printed in Japan
ISBN978-4-8178-4916-8